A HISTORY
OF CANADA

I

11世纪—1760年
法属殖民地时期：新世界帝国争夺战

加拿大史

[加] 查尔斯·G.D. 罗伯茨 著
王晋瑞 译

商务印书馆
The Commercial Press

图书在版编目（CIP）数据

加拿大史：全三册 /（加）查尔斯·G. D. 罗伯茨著；王晋瑞译. — 北京：商务印书馆，2022
ISBN 978-7-100-16448-1

Ⅰ. ①加… Ⅱ. ①查… ②王… Ⅲ. ①加拿大—历史 Ⅳ. ①K711

中国版本图书馆 CIP 数据核字（2018）第 174043 号

权利保留，侵权必究

加拿大史（全三册）

〔加〕查尔斯·G. D. 罗伯茨 著　王晋瑞 译

商 务 印 书 馆 出 版
（北京王府井大街36号　邮政编码100710）
商 务 印 书 馆 发 行
山 东 临 沂 新 华 印 刷 物 流
集 团 有 限 责 任 公 司 印 刷
ISBN 978-7-100-16448-1

2022年9月第1版　　开本 880×1230　1/32
2022年9月第1次印刷　　印张 30
定价：198.00元

目 录

第一章 ······ 001

第一节 绪论 ······ 001

第二节 北欧人 ······ 003

第三节 哥伦布 ······ 007

第四节 卡伯特父子与韦拉扎诺 ······ 012

第五节 卡蒂埃首抵北美大陆 ······ 016

第六节 卡蒂埃再抵北美大陆 ······ 021

第七节 卡蒂埃随罗贝瓦尔三抵北美大陆 ······ 027

第二章 ······ 033

第一节 法国暂忘加拿大及英格兰入主纽芬兰 ······ 033

第二节 罗什远征北美 ······ 038

第三节 尚普兰和德蒙开发圣克洛伊岛 ······ 040

第四节 开发罗亚尔港 …………………………………… 046

第五节 耶稣会和比安古在阿卡迪亚 …………………… 049

第六节 英格兰开发纽芬兰和哈得孙湾 ………………… 055

第三章 …………………………………………………… 061

第一节 尚普兰建设魁北克 ……………………………… 061

第二节 尚普兰探索渥太华 ……………………………… 066

第三节 深入休伦人村落 ………………………………… 068

第四节 加拿大几易领主 ………………………………… 071

第五节 英格兰人首夺魁北克及尚普兰病逝 …………… 078

第四章 …………………………………………………… 083

第一节 苏格兰人在阿卡迪亚 …………………………… 083

第二节 拉图尔父子 ……………………………………… 088

第三节 拉图尔和沙尔尼赛的内战 ……………………… 090

第四节 沙尔尼赛暴毙与阿卡迪亚易主 ………………… 101

第五章 ·· **109**

第一节 耶稣会的成就 ·························· 109
第二节 蒙特利尔的建立 ······················ 114
第三节 休伦传道会的覆灭 ···················· 120
第四节 新法兰西与新英格兰缔约不成
    耶稣会传教士教化易洛魁人无果 ········· 122
第五节 拉瓦尔和多拉尔 ······················· 127
第六节 魁北克领导权之争
    遭遇特大地震 ···························· 131

第六章 ·· **137**

第一节 治权议会与土地所有权 ················ 137
第二节 塔隆主政加拿大
    英格兰占领纽约 ························· 140
第三节 特雷西到加拿大
    易洛魁人遭惩罚 ························· 145

第四节 新法兰西扩大至密西西比河、哈得孙湾
和安大略湖 ………………………………… 150

第七章 …………………………………………… **157**

第一节 弗龙特纳克和拉萨尔在加拿大 …………… 157

第二节 弗龙特纳克离任
拉巴尔丧权辱国 ………………………………… 160

第三节 德农维尔、唐根和易洛魁人 ……………… 170

第四节 孔德拉容克破坏和平
拉欣大屠杀上演 ……………………………… 176

第八章 …………………………………………… **185**

第一节 弗龙特纳克攻打英格兰殖民地 …………… 185

第二节 菲普斯攻打罗亚尔港和魁北克
马德莱娜击退易洛魁人
弗龙特纳克去世 ……………………………… 188

第三节 德伊贝维尔征服哈得孙湾、阿卡迪亚
　　　和纽芬兰 ………………………………… 196

第四节 西班牙王位继承战争
　　　新英格兰终获阿卡迪亚 ………………… 201

第五节 休养、发展及西部扩张 ………………… 212

第九章 ………………………………………… 219

第一节 奥地利王位继承战争
　　　佩珀雷尔夺取路易斯堡 ………………… 219

第二节 法国换回路易斯堡
　　　边境争议不断 …………………………… 228

第三节 英国加强新斯科舍防御 ………………… 236

第四节 博塞茹尔堡失陷
　　　阿卡迪亚人遭驱赶 ……………………… 242

第五节 西部战役 ………………………………… 252

第十章 ··· **265**

第一节 七年战争

　　威廉亨利堡沦陷 ································· 265

第二节 再夺路易斯堡 ································· 276

第三节 泰孔德罗加堡之战 ··························· 286

第四节 战争结束的序幕 ······························ 292

第十一章 ··· **295**

第一节 沃尔夫与蒙特卡姆正面交锋 ··············· 295

第二节 亚伯拉罕平原战役 ··························· 305

第三节 英国占领魁北克 ······························ 320

第十二章 ··· **327**

第一节 法属加拿大末期的人口和房屋 ············ 327

第二节 法属加拿大时期的服饰、兵器、

　　　　社会习俗、食物等 ··························· 333

第一章

第一节 绪论

在上演世界历史剧的舞台上,加拿大可能看起来不那么光彩夺目。然而,只要认真观看,我们就会发现,剧中展现的一些重大历史问题亟待解读。有理由相信,我们可以从中找到现代政治里一些重要问题的答案。莱茵、易北、多瑙河畔战乱频仍[1];普鲁士、奥地利、西班牙王权旁落[2];海军舰队在加勒比海追逐厮杀[3];马拉塔人在印度稻田里惨遭屠戮[4]。亚伯拉罕平原战役后,战争终告一段落。沃尔夫的胜利确保了英国对新世界局

---

[1] 指18世纪的欧洲乱局。——译者注
[2] 指1848年革命后,民主兴起,普鲁士、奥地利和西班牙的封建王权受到限制。——译者注
[3] 指英法为争夺北美大陆霸权在加勒比海进行激烈海战。——译者注
[4] 指马拉塔战争。——译者注

势的掌控，一个融合两个伟大民族①力量和才智的后起民族正在新世界②形成。面对这个新生的民族，大英帝国必须做出抉择：是将浴血奋战换来的疆土分而治之，还是将其打造成一个团结强大的联邦？

加拿大③的历史可分为三大阶段。第一阶段是法国殖民统治时期，以法英两国为争夺北美统治权而冲突不断为基本特征。至于发生冲突的真正目的是什么，当事双方往往也难说清楚，只因各种竞争和利益需求不可调和，冲突便持续不断。贸易利益和宗教信仰差异是引发这一时期冲突的主要原因。这也解释了为什么看似毫无关系可言的事件和行动之间必然存在着某种关联。这一时期的加拿大史在世界史上具有重要的意义，因为发生在这里的事情涉及许多国家。第二阶段是英国殖民统治时期，从1760年蒙特利尔沦陷到联邦政府成立前，以属地人民争取自治权的斗争为基本特征。这一时期，加拿大核心地区的根基业已形成，但游离的边疆省份似乎被整个世界忽略了。第三阶段是加拿大自治领时期，

---

① 指英国人与法国人。——译者注
② 指加拿大。——译者注
③ "加拿大"这个名称大概源自休伦—易洛魁（Huron-Iroquois）语中的"Kanata"一词，意为"村庄"。卡蒂埃探险期间，进入圣劳伦斯河口，然后沿圣劳伦斯河道深入内陆，远行至现在的魁北克市。他登陆时，问当地的印第安人这是什么地方，他们回答说是"Kanata"，加拿大的名称由此而来。——原注

第一章

1867年7月1日，加拿大获得自治权，成立了责任政府，并逐步将边疆各省吸收到联邦大家庭里。这一时期的主要特征是开疆拓土、联合统一、民族认同感形成。至此，加拿大已横跨半个北美大陆，三面临大洋，为全球所瞩目，开始将命运牢牢地掌控在自己的手里。

第二节 北欧人

历史的真正源头始于神话和传说中的奇幻世界。加拿大的历史亦是如此，其源头似乎和北欧人既浪漫又刺激的西行探险有关。虽然北欧人并没有什么惊天的发现，但他们是史料记载的最早一批登陆我们目前栖息之地的人。从他们身上可以看到，我们血液中流淌着的坚定且独立的精神。从这一点讲，他们的历史重要性不言而喻。9世纪，国王哈罗德一世①在挪威强制推行封建统治，维京人愤而驾船西行，在冰岛和法罗群岛建起了邦国，觅得了一片自由天地。但这片天地并没有让他们驻足不前，他们选择了继续向西。大约在公元986年，红胡子埃里克②占据了格陵兰海岸。不久，格陵兰殖民狂潮便

---

① 又称金发哈罗德（Harald Fairhair，约850—约932），挪威第一位国王，费尔赫尔王朝开国君主。——译者注
② 红胡子埃里克（Eric the Red，950—约1003），首次发现格陵兰岛并在上面建立居民点的航海家。——译者注

席卷了整个西海岸，向北一直推进到北纬 75 度，比之现在的移民潮有过之而无不及。一位叫贝奥恩的格陵兰殖民者在一次航海中，被一股猛烈的东北风刮到了西南的某片未知海岸。他的经历引起了利夫·埃里克森的兴趣，利夫立刻动身去探索被称之为"新大陆"的地方（公元 1000 年）。利夫·埃里克森首登美洲大陆的地方可能是拉布拉多海岸，靠近汉密尔顿河口处。该地区的海岸线石头遍布，故被利夫称作"石头之地"（Stoneland）。由此再向南，是一片条件稍好的海岸，利夫称之为"灌木之地"（Bushland），这极可能就是纽芬兰灌木丛覆盖的东海岸。再向西越过海湾，映入眼帘的是一片葡萄遍地的地方，利夫将之命名为"葡萄之地"（Vineland），该地区究竟是新斯科舍省还是马萨诸塞海湾，史学家们尚未定论。就在这里，利夫·埃里克森建了个村庄，命名为"利夫小舍"，他的兄弟托瓦尔德在吉尔尼斯海岬为他建造了一艘新船。

利夫·埃里克森和同伴们对西方这片土地赞不绝口。每年都有格陵兰岛的船只到这里装运木材，这些木材大多用来制作帆船桅杆。一位叫托尔芬·克尔塞夫尼的头领带着一百六十名随从及耕牛和作物种子，分乘三艘大船几经周折来到"葡萄之地"，打算在一个避风港"安家"。然而，他们的安家计划在野蛮人的乱箭之下宣告失败。

利夫·埃里克森发现美洲大陆。克里斯蒂安·克罗格（Christian Krohg，1852—1925）绘

利夫·埃里克森登陆美洲大陆。H. E. 马歇尔
(H. E. Marshall,1867—1941)绘

第一章

接下来是四百多年的黑暗时期，欧洲富饶的土地引起了北欧金发海盗的注意，他们早已忘掉了葡萄、灌木、石头之地。伟大的格陵兰殖民地开始走向衰败，石头城、教堂、教区纷纷垮塌，随之垮掉的还有其野心、文字和贸易。一支敌人的舰队将那里夷为平地，因纽特人也视那里为荒地。除了大堆浮冰外，那里的海岸上一无所有。北欧人登陆美洲没有留下任何遗迹[①]，但有两部冰岛传奇还在流传，讲述着红胡子埃里克、利夫·埃里克森和托尔芬·克尔塞夫尼的英雄事迹。

第三节 哥伦布

哥伦布远航后，北美大陆才有了可查证的历史。尽管哥伦布既不知道也不会认为，正是因为有了他才有了北美大陆的文明，但他取得的成就必须载入加拿大的历史，是他为加拿大的缔造者指明了道路。哥伦布驾船到了神秘西方的中心，这可是迷信者眼中的恐怖之地。因此，他的远航足以称得上人类的壮举之一了，或许算得

[①] 纽波特的石头磨坊曾被认为是北欧人留下的遗迹，但事实上这个磨坊是17世纪末罗德岛的总督组织建造的；马萨诸塞州的戴顿石上的刻画也曾被认为是北欧人所作，但后来发现那是阿尔冈昆族印第安人的作品；比较可信的物证是新斯科舍雅茅斯的北欧石，上面刻有古代北欧字符，似乎可以说明11世纪北欧人曾经在这里出现过。——原注

上那个乐于冒险和敢于猎奇的时代开出的最美花朵。

面对多年的失败和挫折,任何缺乏勇气的人都会打退堂鼓,但哥伦布最终还是选择了从西班牙帕洛斯港口启航远行。他带着坚定的信念,希望找到一条通往印度的新道路。事实上,他的行动受当时一股强大的西方觉醒意识驱使,西班牙、葡萄牙、荷兰、法国和英格兰这些国家都渴望能加入美妙的东方之旅,而当时东方航线为意大利商人所独享。要想前往盛产香料的群岛以及盛产金银珠宝和丝绸的日本和锡兰[①]等地,就必须取道地中海和波斯商队的路线。但意大利控制着这条路线,垄断了对东方的贸易。哥伦布是热那亚一名训练有素的水手。他十分好学,掌握了当时所有的地理知识;他敢于坚持梦想,竭力要证明神话传说中遥远的西方土地确实是存在的。尽管他不清楚地球有多大,但知道地球是圆的,凭借该知识,他坚信向西航行一定可以找到通往东方的新航路。他首先把这个了不起的想法和具体实施计划汇报给了自己的祖国,但热那亚并不需要一条通往东方的新航线。然后他又到葡萄牙游说,还是没有任何结果。葡萄牙希望能绕过非洲南部开辟东方航线,而且该国的船长正带人驾船沿着那个神秘大洲的海岸前行。哥

---

① 今斯里兰卡。——译者注

第一章

伦布转而到英格兰和法国游说，但两国半信半疑，迟迟不给答复。最后，哥伦布到西班牙苦苦游说，他的行动计划终于得到了女王的支持。女王对贸易虽然没有什么兴趣，但她却梦想着能在新世界的争夺中抢得先机。就这样，在阿拉贡的斐迪南[①]国王和卡斯蒂利亚的伊莎贝拉女王支持下，哥伦布开启了伟大的航程。

哥伦布驾着三艘浅底小船，没有向导，全凭信念和罗盘上颤动的指针，完成了为期七十天的航行，他的英雄壮举永载史册。1492年10月12日，他到达巴哈马群岛中的一个小岛上。在一群土著人友善的目光中，他仰天拜谢上帝，认为自己登上了亚洲大陆。因此，他把这些皮肤黝黑的原住民误称作"印度人"[②]。哥伦布给西班牙帝国带来了无上的荣耀，他因此受到无数赞誉，甚至被封为海军上将。哥伦布之后的航行以及步其后尘的航海家的事迹就不属于加拿大历史部分了。

[①] 阿拉贡的斐迪南，也就是阿拉贡国王斐迪南二世（1452—1516）。与卡斯蒂利亚的伊莎贝拉（1451—1504）联姻后，他实际上成为统一的西班牙的第一位国王。卡斯蒂利亚的伊莎贝拉，也就是著名的伊莎贝拉一世。她对哥伦布远航的支持和赞助，是新航路开辟的关键。——译者注
[②] 北美大陆的印第安人在附录B中有专门的介绍。——原注

哥伦布觐见阿拉贡的斐迪南与卡斯蒂利亚的伊莎贝拉。伊曼纽尔·格特里布·洛伊茨（Emanuel Gottlieb Leutze，1816—1868）绘

1492 年 10 月 12 日，哥伦布到达巴哈马群岛中的一个小岛上。约翰·范德林（John Vanderlyn，1775—1852）绘

第四节 卡伯特父子与韦拉扎诺

哥伦布发现的仅是美洲大陆的冰山一角。直到1497年，瓦斯科·达·伽马率葡萄牙船队绕过好望角，抵达宝藏之国印度时，新世界大陆才真正为世人所知。随后，在约翰·卡伯特[①]带领下，一支探险队从布里斯托尔出发，远航到了新大陆的某处[②]（现属加拿大）。约翰·卡伯特是奉亨利七世之命出海航行的，所以英格兰理所当然地宣称，首先发现北美新大陆的是英格兰。同年，在许多权贵的支持下，一个叫亚美瑞格·韦斯普奇[③]的佛罗伦萨人到达美洲大陆热带地区的某处。然而，有一点非常肯定，亚美瑞格·韦斯普奇直到1499年才看到了新世界大陆。当时，他随远征探险队登上了巴西海岸。他不是探险队的领袖。奇怪的是，像他这样不太起眼的

[①] 约翰·卡伯特（John Cabot，约1450—约1500），意大利航海家，出生于热那亚共和国，年轻时移居威尼斯共和国。1490年前后，约翰·卡伯特移居英格兰的布里斯托尔。1497年，他奉英王亨利七世之命开启了西北航道的探险行动，成为自斯堪的纳维亚人后第一位通过西北航道到达北美大陆的欧洲人。——译者注

[②] 有可能是拉布拉多海岸的某个地方，但也有专家认为可能是新斯科舍海湾沿岸的某个地方。——原注

[③] 亚美瑞格·韦斯普奇（Amerigo Vespucci，1454—1512），佛罗伦萨航海家、探险家和制图师。他首次对哥伦布到达所谓的亚洲提出异议，认为巴西和西印度群岛不在亚洲。——译者注

第一章

探险者，居然和两个大洲①的名字能联系在一起②。

在航海史上，约翰·卡伯特和塞巴斯蒂安·卡伯特这对父子贡献巨大，他们的名字紧随哥伦布的名字出现在伟大发现者之列。尽管他们是奉英格兰王室之命从布里斯托尔港出发的，但他们却都是意大利威尼斯的海员。委任状是颁给约翰·卡伯特及其三个儿子的。约翰·卡伯特的首次航行正是由大儿子塞巴斯蒂安相陪的。他们的探险计划能够成行是有原因的：国王希望他们能给英格兰带来荣耀和利益，正如西班牙从哥伦布身上获得回报那样；布里斯托尔的商人则希望在鱼类贸易上能大有作为。而约翰·卡伯特本人想到的只有金光迷幻的日本，和哥伦布一样，他是怀着基督徒般的信心，希望找到新世界。1498年，卡伯特父子游遍了从拉布拉多到南卡罗来纳的整个海岸。尽管纽芬兰的发现要归功于他们，但也有人称西班牙比斯开的渔民早已知道这片海岸渔场了。无论是谁先发现的，有一点可以确认，即英格兰人、诺曼底人、巴斯克人和布列塔尼人都不失时机地蜂拥而来。1517年，即卡伯特发现纽芬兰的二十年后，就有多达五十艘渔船汇集于此。次年，卡伯特父子在亨利七

---

① 指南美洲和北美洲。——译者注
② 亚美瑞格·韦斯普奇记录了自己的航海经历，他用自己的名字命名了巴西。这一叫法在整个南美慢慢流行开来，后来又传到了北美。——原注

世的授权下，再次出海，寻找通往印度之路。他们一路向北，直至哈得孙海峡口，但北极的坚冰使他们无功而返。之后，塞巴斯蒂安·卡伯特奉亨利八世之命第三次远航，继续勇敢地向西北探寻航线。一直到今天，还有人在执着地探寻着这样一条航线。可以说，这些意大利航海家开了英格兰探险之先河，为英格兰辉煌的航海和殖民时代打下了坚实的基础。不过，只是在不久前给纽芬兰附近一些贫瘠的小岛命名时，人们才提起了他们的事迹。

继卡伯特父子之后，葡萄牙航海家科尔特－雷阿尔在 1500 年也到过拉布拉多和纽芬兰海岸，带回了一船红皮肤土著当奴隶。在早期的葡萄牙地图上，这一地区就标为"科尔特—雷阿尔之地"（Terra Corterealis）。1506 年，法国贵族丹尼斯·翁夫勒到过圣劳伦斯湾。1518 年，莱里男爵试图在塞贝尔岛定居，但他选择的地方令人匪夷所思，导致定居计划失败。然而，他当年留在沙滩上的牲畜却不断茁壮成长，大量繁殖。这算是对他定居计划的纪念吧。接下来到过加拿大海岸的一位重要人物是约翰·韦拉扎诺，他是一位效忠法王弗朗索瓦一世的佛罗伦萨海员。1524 年，约翰·韦拉扎诺从卡罗来纳海岸某处出发，向北到圣劳伦斯湾匆匆走了一遍，宣布这一地区归法国所有，然后他从纽芬兰返航回到法

法王弗朗索瓦一世。让·克洛埃特
(Jean Clouet, 1480—1541)绘

国。他对新世界的大西洋海岸有了进一步了解。同时,他还在岸边绑架了一名小孩来"报答"当地人对他的盛情款待。通过这样的行为,美洲土著领教了所谓的欧洲文明。

第五节 卡蒂埃首抵北美大陆

适逢旧世界列强瓜分新世界①,法国得益于约翰·韦拉扎诺的发现,力图从中分得最大的份额。虽然不是首登北美大陆的国家,但法国的付出已远超其他北方对手。选人上的明智和幸运也让法国的底气十足。虽然英格兰派去的每位航海家都兼具商人、冒险家和英雄的特质,但他们不是在巴西和几内亚海岸上忙着交易,就是活跃在大雾弥漫的纽芬兰渔场,有的在热带雨林与西班牙船只交战,有的在北极水域与浮冰和饥荒搏斗。而法国则由圣劳伦斯进入加拿大,在半个北美大陆上站稳了脚跟,孜孜不倦地进行开发。

1534年早春,雅克·卡蒂埃②从著名的圣马洛港驾

---

① 指新航路开辟后,西班牙、葡萄牙、法国、英格兰等国掀起了殖民、瓜分美洲的狂潮。——译者注
② 雅克·卡蒂埃(Jacques Cartier,1491—1557),布列塔尼航海家。他是法国殖民加拿大承上启下的关键人物。他首次绘制了圣劳伦斯湾和圣劳伦斯河入海口的地图。——译者注

第一章

船出发，踏上了探寻新世界的征程。雅克·卡蒂埃是一位出身名门的布列塔尼船员，有强大的皇室做后盾。资助卡蒂埃的是年轻的贵族菲利普·德·布里翁·沙博[①]。他是弗朗索瓦一世坚定热情的支持者，矢志不移地要实现国王的新世界帝国梦。他认为雅克·卡蒂埃是完成这一任务的最佳人选。当时，卡蒂埃四十多岁，勇敢、执着、坚毅，重要的是，他还有许多成功的航海经验和壮举。雅克·卡蒂埃的随行队伍共有一百二十余人，分乘两艘帆船。

天公作美，二十天后，即1534年5月10日，他们顺利抵达纽芬兰海岸。穿过贝尔岛海峡，眼前出现的是拉布拉多凄凉荒芜的海岸，卡蒂埃失望极了。他们继续南行，穿过海湾和马格达伦群岛，沿着爱德华王子岛海岸前行，最终在新不伦瑞克省北岸埃斯屈米纳克以南的地方登陆。

这里有众多水路。其中一条小溪的尽头，出现了一片肥沃的土地，所有人顿时兴奋不已。在土地松软的森林里，松树和枫树错落地生长着。他们的脚下是成片的紫花苜蓿，遍地的野生草莓诱惑着干渴的嘴唇。探险者

[①] 菲利普·德·布里翁·沙博（Philippe de Brion Chabot，约1492—1543），法国大贵族，自幼便是弗朗索瓦一世的玩伴。弗朗索瓦一世即位后，他成了朝廷重臣。1526年，帕维亚战役结束后，他被任命为海军上将和勃艮第总督，1533年至1534年又被任命为驻英格兰大使。——译者注

们晚上不肯入睡,在这仙境里静听无数鲑鱼游经浅水的声音,以及头顶上成群野鸽飞过时翅膀挥动的声音。更让卡蒂埃欣喜的是,这个地方原住民不多且非常友善。接着,探险者一路向北穿过米拉米奇海湾口,1534年7月初抵达了一片绿色水域的海湾。海岸上空弥漫着热腾腾的紫色薄雾,因此这片水域被称作"沙勒尔湾"。雅克·卡蒂埃只踏上了沙勒尔湾的北岸,便驾船离去。绕过加斯佩东海角时,他在加斯佩海岸上竖立了一个三十英尺高的十字架,上面刻有法国的双臂盾牌。

这一举动引起了印第安人的警觉,他们本能地认为自己的主权受到了侵犯。不过,法国人的花言巧语很快就打消了他们的疑虑。雅克·卡蒂埃还采取了欧洲探险者惯用的伎俩,绑架了两名土著少年,将他们带回了法国。在探访了安蒂科斯蒂海岸和圣劳伦斯河口后,因为害怕遭遇秋季的暴风雨,雅克·卡蒂埃率队匆忙返航。他对印第安人背信弃义,最终也付出了惨痛的代价。在旧世界各民族和美洲土著之间交往的血泪史上,悲惨事件发生的主要责任似乎应由所谓的文明国家承担,因为真正的文明不该让这种事情发生。毋庸置疑,雅克·卡蒂埃和约翰·韦拉扎诺对待北美原住民的手段非常残忍。不过,跟竞争国相比,法国的行为已经相当温和了。

雅克·卡蒂埃画像。泰奥菲尔·阿梅尔（Théophile Hamel, 1817—1870）绘

雅克·卡蒂埃在新不伦瑞克省北岸埃斯屈米纳克以南的地方登陆。夏尔·福克雷（Charles Fouqueray，1869—1956）绘

第六节 卡蒂埃再抵北美大陆

1534年9月5日,雅克·卡蒂埃准备得胜返回圣马洛港时,差点儿就发现了一条伟大的河流。他只是经过了这条河的河口,便认为自己找到了通往华夏中国的航道的入口。法国政府对此激动不已,因为又有帝国需要统治了,又有异教徒需要教化了,又有财富可收敛了。上至国王,下至牧师和商人,群情激昂。1535年5月19日,雅克·卡蒂埃的船队再次从圣马洛港出发,带着法国人民的祝福,快速地消失在蓝色的大海上。这次远征探险,卡蒂埃率领三艘帆船,随行人员中有不少法国王室的贵族代表。可不幸的是,一场暴风雨吹散了船队。直到7月末,他们才在约定的贝尔岛海峡重新聚到一起。这次,卡蒂埃的航线比上次偏北了一些。经过一个大岛时,他将之称为"阿松普雄岛",也就是现在的安蒂科斯蒂岛。圣劳伦斯祭日那天,在安蒂科斯蒂岛以北,雅克·卡蒂埃发现了一个海湾,就将之命名为"圣劳伦斯"。其实,"圣劳伦斯"不仅指他刚经过的海湾,还指他正航行其上的伟大的河流。雅克·卡蒂埃沿河北上时,从他绑架的印第安向导那里得知这是"加拿大最伟大的河流"。随后,他们进入了萨格奈河,于惊涛骇浪中战战兢兢地漂浮前行。后来,他们遇到了乘桦树皮独木舟的印第安人，通过向导和那些人沟通了一番。他们没有再在萨格奈河上浪费时间，而是返回了主干河流继续航行。他们绕过一个长满榛子树的岛屿，将其命名为"榛子岛"，后经图尔门特角来到一个辽阔的、绿意盎然的岛屿。这里长满了野生葡萄。兴奋的探险者称之为"巴库斯岛"[1]。他们在这里安扎了下来。每条小溪和河流上都可以看到乘着桦木小舟安静穿行的黄皮肤土著。起初，土著们并不信任外来者，但很快他们便打消了顾虑，眼神中满是对这些白人以及他们奇怪船只的崇拜之情。

岛上，海岸急剧收缩，河流从两边高耸的红灰色岩石间强势穿过。北岸的高度突然回落，形成了壮丽的海岬。现在，魁北克堡就坐落在这个海岬上面。野蛮人的"首都"斯塔达科纳就在巴库斯岛上，放眼望去，尽是土著民的棚屋。雅克·卡蒂埃上次登巴库斯岛时，这里的首领多纳科纳拜访过他，并向这些陌生人表达了原始但却不失热情的欢迎。海角的背阴处有一条小河的河口，这里泊着法国人的船。

虽然印第安人都很友善，但当雅克·卡蒂埃提出逆河而上的计划时，他们却表达了强烈的反对。争吵和劝解没能阻止一意孤行的雅克·卡蒂埃，于是他们试图吓

---

[1] 即现在物产丰富、人口众多的奥尔良岛。——原注

第一章

退他。他们精心设计了一场化装舞会。法国人靠在船帮上，饶有兴致地观看着。三个巫师扮成恶魔，乘独木舟慢慢经过他们。他们装扮怪异，脸涂成乌黑色，眼睛死死地盯着这些法国人。其中，带头的"恶魔"大声训斥着什么，直到独木舟漂流而下，离他们而去。然后，三个巫师划船上岸，躺倒在地，就像死了一般。接着，在喧闹中，他们被抬进一个隐蔽的灌木丛。这时，雅克·卡蒂埃随行的土著翻译道，这是神灵派来的三个报信人，警告他们不要鲁莽行事，应尽早放弃他们的计划。神灵已经昭示，前方的路上降下了可怕的暴风雨和严寒冰霜。但雅克·卡蒂埃对此嗤之以鼻，仍旧动身出发，沿河而上。他乘坐最小的一艘船，后面跟着另两艘船，载着他的随从。他越往远走，风景越美，土壤越肥沃，随处可见友好的原住民。到了圣彼得湖的浅水处，他的船搁浅了，但在其他船员的帮助下，他勇敢地脱离了险境。1535年10月2日，他抵达了一座被连绵群山环抱的可爱岛屿，绿色深处隐藏着一个名为奥雪来嘉的小镇。

  岛上成群的印第安人跳着舞欢迎这些远道而来的客人，并用鱼、水果和玉米盛情地款待了他们。第二天早晨，在热情的主人带领下，他们穿过一条林中小路，来到一大片玉米地前。在玉米地中心，接近山脚的地方，树立着奥雪来嘉的三重栅栏。沿着栅栏的内圈是坑道，里面存放着用于防御的石头。奥雪来嘉是休伦—易洛魁地区小镇的范本，分布着五十多处大型的房子。房子长一百五十英尺，宽四十到四十五英尺，由木柱子支撑，墙壁及屋顶用树皮覆盖。房子前有一长串的火堆，每个冒烟的炉灶边围坐的就是一个家庭。镇中心是空旷的广场，这是部落会议召开的地方。法国人在这里受到了热情招待，享受着神仙般的待遇。当雅克·卡蒂埃把诸如小刀、珠子、指环和白镴神像等礼物撒向四周时，当地人更是崇拜之至。一个中风偏瘫、无药可救的部落首领被抬到了雅克·卡蒂埃面前，希望他能妙手回春。受到如此信任的卡蒂埃略显尴尬。他竭尽所能为这位不期而至的病人祈祷，抚慰他的灵魂与肉体，虽不能治愈他的疾病，但至少带给他些许快乐。后来，面对其他病人，他也如法炮制。之后，在主人的一片感激声中，卡蒂埃带着他的队伍离开了，向远山挺进。印第安人带领他们登上了山巅。雅克·卡蒂埃欣喜地发现，在薄霜的掩映下，茂密的森林正发出绯红色和琥珀色的光芒。他将这座山命名为"罗亚尔山"。然后，他的目光停在了今天蒙特利尔市所在的地方。

　　过了一段时间，雅克·卡蒂埃离开奥雪来嘉，匆忙赶回斯塔达科纳，在泊船的岸边建一座要塞，为即将到来的冬天做准备。然而，他并不知道该准备些什么。在

一个中风偏瘫、无药可救的部落首领被抬到了雅克·卡蒂埃面前,希望他能妙手回春。劳伦斯·R.巴彻勒(Lawrence R. Batchelor,1887—1961)绘

这块小小的殖民地尚在准备过冬之时，冬季的威力就已经显现出来。如此寒冷和强烈的暴风雪出乎他们的意料。最后，大雪吞噬了他们，世界好像再也不会复苏了。更糟糕的是，不久后，恶性坏血病在他们中间流行起来。他们不知道吃什么饭、用什么药来抵抗病魔。结果，一百一十人中有二十五人死亡；剩下的人中，除三四个外，都徘徊在死亡的边缘。雅克·卡蒂埃让那些还够强壮的人用锤子不断敲打墙体，好让印第安人以为他们精力充沛，从而掩饰他们虚弱的战斗力。不过，在这场瘟疫中，印第安人也自身难保，根本顾不上这些外来人。最后，雅克·卡蒂埃从印第安人那里获悉，煎煮一种常青树"ameda"（可能是云杉之类的树）可以治愈恶性坏血病。于是，法国人立刻进行了尝试。六天之内，他们就消耗了一棵大树。不过，药效显著，瘟疫被控制住了，病人迅速恢复了健康。

春天来了，海面解冻，船可以起航了。探险者们满怀喜悦准备返回法国。然而，雅克·卡蒂埃需要带些印第安证人回国，这样才能证明他听到的故事都是真的。譬如，内陆有一个遍地黄金、白银、紫铜、红宝石，居民都只有一条腿的国家。于是，卡蒂埃掳走了好客的多纳科纳和四个小首领，将他们囚禁在船上。他告知当地人，他们的酋长渴望见到法王，自愿到海那边的世界去看看。1536年5月16日，雅克·卡蒂埃在岸上竖起一个高达三十英尺、刻有法国王室纹章的十字架后，驾船回国；6月16日，抵达圣马洛港口。

同是1536年春，雅克·卡蒂埃的船队困于斯塔达科纳的冰天雪地的时候，历史的光芒在纽芬兰海岸一闪而过。两艘渔船从伦敦出发前往美洲。绕过圣劳伦斯湾后，由于缺乏食物，它们驶入了岛上西岸的海湾。当地人不敢与他们交易，所以船上的人很快就陷入了饥荒。就在这时，一艘满载货物的法国商船经过海湾。英格兰人发现自己有救了。尽管当时法英两国邦交尚好，但他们还是立即洗劫了法国商船，因为在这样的时间和地点他们已经顾不上讲礼节了。受欺辱的法国人到英格兰国王亨利八世那里告状。亨利八世觉得他的臣民是迫于无奈才出此下策，但他还是自掏腰包赔偿了法国人的损失。

第七节 卡蒂埃随罗贝瓦尔三抵北美大陆

接下来几年，法王弗朗索瓦一世将精力全部投入了捍卫领土的战争中，无暇顾及海外扩张。他最强大的对手西班牙国王查理五世挑衅法国，频频发动战事。最后，和平到来了，弗朗索瓦一世获得喘息之机，就再次把目光转向加拿大。他任命皮卡第的贵族罗贝瓦尔阁下为加拿大及周边地区的总督,雅克·卡蒂埃为总司令。雅克·卡蒂埃随罗贝瓦尔前往加拿大。这时,多纳科纳和四个被虏来的同伴已死。一开始,雅克·卡蒂埃自然不愿重回那个他以怨报德的地方,但最后还是被迫同意了。1541年5月23日,雅克·卡蒂埃率领五艘大船及大批随从,带着各种农具和工具,从圣马洛港出发了,打算去美洲建立一个新的殖民地。罗贝瓦尔计划带领其他船只和生活补给随后出发。这次航行可谓一波三折。按事先的约定,罗贝瓦尔要在纽芬兰赶上,雅克·卡蒂埃在此苦苦等待,直到耐心耗尽。最后,雅克·卡蒂埃重新启程,穿过海湾。8月23日,他抵达斯塔达科纳海角。这次,围住他的还是一大群土著人,但之前的热情已经没有了。卡蒂埃告诉他们多纳科纳去世了,其他四个首领在法国结婚后生活得很好,不愿再回来了。印第安人假装相信了。卡蒂埃发现,他们只是掩盖了仇恨的火苗,而一旦时机成熟,火苗便会化成复仇的熊熊烈火。他顾虑重重,最终放弃了故地圣查尔斯(后来的圣克洛伊),接着沿圣劳伦斯河北上到达红水角(Cap Rouge)。他在这里翘首以盼,但还是没看到罗贝瓦尔的船,于是便派两艘船回法国求援。不久,他建起一个殖民点,命名为"皇家查尔斯堡"。在这里,他度过了一个无灾无难却异常焦虑的冬天。

1538年，法王弗朗索瓦一世与西班牙国王查理五世签订和约。塔代奥·祝卡洛（Taddeo Zuccaro，1529—1566）绘

红水角。亨利·理查·S.布纳特（Henry Richard S.Bunnett，生卒不详）绘

第一章

　　春天到了，罗贝瓦尔还是没有出现，加之印第安人仇恨他，因此，他惴惴不安。于是，他把移民召集到船上，毅然向令他头疼的斯塔达科纳告别，向法国逃去。6月初，途经纽芬兰的圣约翰斯时，他才遇到了姗姗来迟的罗贝瓦尔及其舰队，比约定的时间晚了一年。总督火冒三丈，命令他立刻返回。不过，雅克·卡蒂埃在夜里从港口溜了出来，向法国拼命逃奔。据说，他在家乡圣马洛过上了稳定安逸的生活，同时享受着远航为他带来的荣耀。

　　罗贝瓦尔则没有丝毫懈怠，一路驶向了加拿大。他来到已经废弃的皇家查尔斯堡，然后平整土地，播种庄稼，开道辟路，造房建屋。同行的人原本不太守规矩，但经过他的铁腕治理，属地还算安宁。不过，他似乎缺了几分慎思和远见。冬天降临到这片孤独的殖民地时，他才发现，依靠储备的物资，维持不到来年春天。于是，每人的食物供给被削减了，但鱼和蔬菜还得从印第安人那里购买。祸不单行，坏血病又爆发了。没人教他们卡蒂埃用过的办法，最后，五十个人在病痛中死去。到了春天，罗贝瓦尔的热情耗尽了。进入夏天，他带着残部回到了法国。1549年，他和弟弟阿基利又组织了一支远征军，然后前往加拿大。关于这次远征的结果，有不少浪漫传说。其中一个不大可信——为了寻找藏有奇珍异宝的梦幻王国，探险者沿萨格奈河北上，结果一去不复返。另一个说法比较可信,罗贝瓦尔最终回到了法国,一个晚上,他暴毙于巴黎街头。

有趣的是,当雅克·卡蒂埃和罗贝瓦尔试图从东经圣劳伦斯河穿越美洲大陆时,西班牙人德索托却尝试着从南经密西西比河口深入美洲大陆。

第二章

第一节　法国暂忘加拿大及英格兰入主纽芬兰

罗贝瓦尔探险失败后的半个世纪，除更多的法国渔民涌向纽芬兰海岸外，法国基本停止了对加拿大的探险和殖民开发活动。法国深陷宗教战争，既无力也无兴趣关注海外新世界的开拓了。事实上，从1562年至1565年，法国在佛罗里达建立了一个殖民区，但纯属胡格诺派教徒的自发行为。因为该殖民区建在西班牙宣称的领地上，所以引起西班牙人强烈的仇视。屠夫梅内德斯[①]奉命前去解决麻烦。他见法国人就杀，不分男女老幼，统统绞死或碎尸。爱国者格尔格斯有力地回击了他的暴行。三

[①] 梅内德斯（Menendez，1519—1574），西班牙元帅、探险家，第一任西属佛罗里达总督（1565—1574）。他在佛罗里达大肆屠杀法国胡格诺派移民，史称"屠夫梅内德斯"。——译者注

年后,也就是 1568 年,他潜入敌营,然后将敌人的首级悬挂在他们当年的犯罪现场。

法国已从北美大陆完全撤出了,而热衷在全球航海探险甚至已经涉足北极圈的英格兰人开始认真筹划其殖民计划了。1576 年,马丁·弗罗比舍①在拉布拉多登陆。但他像候鸟一样只停留了片刻,然后马不停蹄地探寻起了通往印度的航线。次年,弗朗西斯·德雷克②爵士在环球航行中,沿太平洋海岸向北航行到北纬 48 度,看到了俯瞰不列颠哥伦比亚的皑皑雪峰。在加拿大历史上,这是首次提及太平洋地区。六年后,英格兰的殖民倾向开始显露,纽芬兰成了英格兰最早的殖民地。英格兰组织了一支远征军,沃尔特·罗利③爵士很感兴趣,就主动加入了。他同母异父的哥哥汉弗莱·吉尔伯特爵士担任远征军的首领。在加拿大历史上,他的名字散发着勇敢、坚贞和温柔的光芒。装备精良的远征军共有二百六十人,个个都是训练有素的技术工人,完全符合开发殖民地的需要。然而,命运却跟他们开了个不大不

---

① 马丁·弗罗比舍(Martin Frobisher,约 1535—1594),英格兰航海家。在开辟新航路的征程中,他为西北航道的开辟做出重要贡献。——译者注
② 弗朗西斯·德雷克(Francis Drake,约 1540—1596),伊丽莎白时代英格兰航海家。从 1577 年到 1580 年,他率领船队两次环游世界。——译者注
③ 沃尔特·罗利(Walter Raleigh,约 1554—1618),英格兰探险家、航海家和作家。他是在英格兰推广种植烟草第一人。——译者注

第二章

小的玩笑。他们出发两天后，一场传染性疾病在其中一艘船上开始蔓延，该船被迫返回英格兰。其余船只历经艰辛，于1583年8月安全抵达圣约翰斯。汉弗莱·吉尔伯特爵士穿着着伊丽莎白时代的华服，站在一群来自法国、西班牙、葡萄牙和英格兰的乡野渔民和水手之间，尽显王者风范。按封建王朝的传统，一根树枝和一块草皮被呈递上来。汉弗莱·吉尔伯特爵士以至尊伊丽莎白女王[①]的名义接了过来。他颁布了许多法律，强迫外国船只承认他的权威。圣约翰斯方圆至少六百英里的范围都属于他的领地，涵盖了新不伦瑞克、新斯科舍、爱德华王子岛以及拉布拉多和魁北克的部分地区。为了探寻传说中的金银之地，汉弗莱·吉尔伯特爵士投入了大量的精力。在一次探险中，最大的一艘船不知所踪。于是，物资供应出了问题。冬天越来越近，人们变得不安起来。英勇的舰长决定返回英格兰。他乘坐的是舰队中最小的一艘船——载重十吨的"松鼠"号。途中，他们遭遇了一场飓风。汉弗莱·吉尔伯特爵士拒绝换乘大船。黑暗中，飓风怒号，漩涡滚滚，"松鼠"号慢慢地沉了下去。我们的脑海中，似乎闪现出一幅惨烈的英雄画面：在那个恐怖的夜晚，汉弗莱·吉尔伯特爵士手捧圣经，一动

---

① 即伊丽莎白一世（1533—1603），都铎王朝最后一位君主。——译者注

弗朗西斯·德雷克。马库斯·吉拉尔茨(Marcus Gheeraerts，约 1561—1636) 绘

沃尔特·罗利。威廉·西格（William Segar，约 1554—1633）绘

不动地坐在下沉的船尾上,安慰属下说:"开心点儿,伙计们。海上一样有上帝!"

第二节 罗什远征北美

16世纪末,爱冒险的法国人再次开始酝酿殖民梦想。1598年,罗贝瓦尔曾经的官职和权力由布列塔尼的绅士罗什侯爵继承。罗什甚至凑不够志愿者去完成这项国家使命。最后,他不得不从监狱里挑选一批体格健壮的犯人。罗什走的不是罗贝瓦尔那条倒霉的航线,而是一条更靠南的航线。最后,这艘孤独的小船终于看到了塞贝尔岛寂静的沙角。流经新斯科舍海岸的河不断冲刷,在这里形成了一片长长的新月形流沙滩。致命的水下浅滩延伸到很远的地方,专门摧毁那些"粗心大意"的船只。罗什认为这是个极好的地方,因为在探索大陆的时候,可以将同来的罪犯困在这里。罪犯们被留到了岸上(如果光秃秃的沙洲也可以称为岸的话),罗什则去寻找殖民定居点。一开始,罪犯们以为重获自由而欢欣鼓舞。岛内有一个狭长的淡水湖。地势较低的岸滩上,野草遍布,灌木丛生,但像树那样高大的植物却丝毫没有,除沙丘外,再没有什么海拔高的东西了。浅水里挤满了野鸭,草地上野牛结伴而行。各种野生浆果随处可见,那

第二章

么诱人。于是，罪犯们暂时忘记了苦难与身上的枷锁。而罗什却遭遇了强烈的暴风雨，无可奈何只得撤回法国。然而，他刚从布列塔尼上岸，就被劲敌梅克尔公爵[①]抓获，然后锒铛入狱。岛上的罪犯们意识到他们要自生自灭时，绝望地呼喊着宁愿回国蹲监狱。食物严重匮乏了，他们就像野兽一样厮打争抢。后来，秋天的飓风来了，岛上变得天昏地暗，滔天巨浪不停地来袭。最终，恐惧的本能使他们团结在一起。他们以生牛肉为食，以牛皮为衣，用搁浅在岸边的残船木料搭起窝棚。最后，监狱里的罗什给国王[②]带去口信，国王这才派出一艘船。最后，这些倒霉的罪犯被救了回来。这些罪犯来到国王面前时，他们蓬头垢面，衣不蔽体，如同野人一般。国王深表怜悯，就赦免了他们。之后不久，罗什在穷困潦倒中死去。因此，法国在加拿大建立殖民地的尝试再次失败。

当罗什被梅克尔公爵关在监狱里黯然神伤，他的罪犯滞留在塞贝尔岛上苟延残喘时，另外两位法国人正试图在圣劳伦斯河流域建立殖民点。鲁昂的一名海军军官

[①] 梅克尔公爵，即菲利普·伊曼纽尔（Philippe Emmanuel, 1558—1602），天主教联盟的重要成员。——译者注
[②] 指亨利四世（1553—1610），1589年继位，开创了波旁王朝。1610年，他在巴黎遇刺身亡。——译者注

肖万[①]与圣马洛的一名商人蓬格雷夫[②]建立了合作关系。他们以同意开发殖民地为条件，垄断了圣劳伦斯地区的毛皮贸易，获取了巨额利润，但殖民地建设却不尽人意：只有十六人定居下来，他们缺穿少吃，居住简陋，还得忍受泰道沙克肆虐的冬天。泰道沙克建在萨格奈河边。时为1599年。1600年春，法国商船来到后，发现十六个不幸的定居者大部分已死去，其余人则散居在印第安人之中。泰道沙克定居试验没有继续进行，但利润颇丰的毛皮贸易却没有中断。1601年，肖万第三次抵达美洲，却不幸客死加拿大。他的企业随即也垮掉了。然而，在我们的故事中，蓬格雷夫的名字还会出现，他与萨缪尔·德·尚普兰这个不朽的名字联系在一起，散发出耀眼的历史光芒。

第三节　尚普兰和德蒙开发圣克洛伊岛

在加拿大史上，没有哪个名字能比尚普兰更值得尊敬。1567年，萨缪尔·德·尚普兰生于小镇布鲁阿格，

[①] 肖万（Chauvin，约1550—1603），法国殖民北美的先驱之一。他与蓬格雷夫的合作，开辟了殖民北美的新路子：政府特许与商业贸易相结合。——译者注
[②] 蓬格雷夫（Pontgrave，1560—1629），法国航海家，北美贸易的重要开拓者。他在加拿大圣劳伦斯河流域经营毛皮生意，大获成功。——译者注

第二章

长大后成了一名海军上尉，坚决支持法王亨利四世的事业。萨缪尔·德·尚普兰热衷探险，酷爱猎奇，集勇敢、虔诚和慈悲于一身。他制定计划时，富有想象；但执行计划时，却讲究实用。在一次秘密执行任务期间，他探访了西班牙在墨西哥的一个定居点。

17世纪初，迪耶普的行政长官阿伊马·彻斯特斯[①]决定继续罗贝瓦尔和罗什未竟的事业，计划在加拿大不羁的旷野上建起法国的殖民地。他觉得萨缪尔·德·尚普兰可堪大任，于是就先派他到圣劳伦斯河流域探查。萨缪尔·德·尚普兰离开壮丽的圣马洛港，一路风雨兼程，最终抵达奥雪来嘉，但他发现这里已经荒芜了。残酷的战争毁掉了盛产玉米的良田，夷平了好客的村落。带着这个信息回到法国时，他获悉向他提供赞助的阿伊马·彻斯特斯已经撒手人寰。

在蓬格雷夫的陪同下，萨缪尔·德·尚普兰完成了这次远航。他还有另外一个更重要的同伴——爱好冒险的大贵族皮埃尔·杜加·德蒙[②]。皮埃尔·杜加·德蒙决心继续阿伊马·彻斯特斯未竟的事业。不过，他惧怕

[①] 阿伊马·彻斯特斯（Aymar Chaste，1514—1603），1582年到1598年，他担任法军元帅，参加法国与西班牙的战争。他是萨缪尔·德·尚普兰远航北美事业的赞助者。——译者注

[②] 皮埃尔·杜加·德蒙（Pierre Dugua de Mons，约1558—1628），法国大贵族、商人、探险家和殖民地开拓者。1599年，他第一次到达北美。——译者注

圣劳伦斯河下游严寒的冬天，就索性把目标定到了南方。于是，阿卡迪亚①这个名字就要载入我们的史册了。皮埃尔·杜加·德蒙所提到的阿卡迪亚幅员辽阔，从现在的费城一直延伸到蒙特利尔。1604年，皮埃尔·杜加·德蒙率领两艘混杂着盗匪和绅士的船，远征阿卡迪亚。从此，阿卡迪亚的殖民活动开始了。同行的还有萨缪尔·德·尚普兰和普特林古②男爵，前者驾船到泰道沙克做毛皮生意，后者到新开的渔场驱逐非法捕鱼者。

皮埃尔·杜加·德蒙的航行一帆风顺。一路上，天主教徒和加尔文教徒无休止的争吵，赶走了漫漫长途的乏味无聊。他们看到的第一片陆地是拉海韦角，离新斯科舍省的卢嫩堡不远。皮埃尔·杜加·德蒙继续向西航行，后来进入一个宽敞的港口，他将之命名"罗西诺尔港"。其实，罗西诺尔是一位船长的名字，他在港口交易时因违反规定，船被没收充公了。在另一个港口，一只羊跳上了甲板。在阿卡迪亚，羊既罕见又珍贵。于是，皮埃尔·杜加·德蒙把这个港口命名为"穆顿港"。他似乎很幽默，命名港口与萨缪尔·德·尚普兰不同。萨缪

---

① 印第安人阿卡迪亚部故地，位于北美东南沿海，1604年到1713年，这里成为法国的殖民地。——译者注

② 普特林古（Poutrincourt, 1557—1615），法国贵族，建设法国殖民帝国的急先锋。他是在北美建立永久性定居地的先驱之一，其中最著名的非阿卡迪亚莫属。1615年，他死于争夺梅里镇财产的战斗中。——译者注

萨缪尔·德·尚普兰来到泰道沙克,与印第安人做毛皮生意。查理·威廉·杰弗里斯(Charles William Jefferys,1869—1951)绘

尔·德·尚普兰使用的是少数他喜爱的圣徒名字或他自己家庭成员的名字。离开穆顿港后,探险者们去探查了圣玛丽湾,绕过一个漫长而狭窄的海角后,抵达芬迪湾。向右手方向看去,只见山顶的峭壁上长满了冷杉,峭壁之间夹着一个雄伟的峡谷。迅速穿过激流后,他们发现已经置身于现在的安纳波利斯盆地。山林蓊蓊郁郁,水波浩荡。阳光下面,薄雾蒙蒙,美不胜收。这是探险者向往已久的精致。激动的普特林古征得皮埃尔·杜加·德蒙的同意,获得了开发周边海岸的特许权。他把这个地方命名为"罗亚尔港",并决心在此安家。

不久,探险者们从罗亚尔港出发,沿芬迪湾航行,后来驶入一条壮观的河口。印第安人称这条大河为"欧拉斯图克"(Olastook)。适逢圣徒约翰的祭日,于是萨缪尔·德·尚普兰就改称该河为"圣约翰河"。他们继续西行,不久进入一个宽敞的海湾,有许多岛屿点缀其中,宛如无数珠宝,印第安人把它称作帕萨马阔迪湾(Passamaquoddy)。这片生机盎然的水域前面,有一条大河。河口"守"着一座岛,他们将之命名为"圣克洛伊岛"。令人惊讶的是,他们居然无视这里的贫瘠与荒凉,决意在此安家。

于是,圣克洛伊岛就变得忙碌了。岛内参差不齐的雪松被迅速悉数砍倒了,而为了抵挡东北风,岛边的树

第二章

木被保留下来了。一片空地上,房子建起来了,有仓库、作坊、住宅、军营等。皮埃尔·杜加·德蒙和萨缪尔·德·尚普兰还有单独的住处。为了加强防御,岛四周都立了栅栏。一个小炮台也造好了。萨缪尔·德·尚普兰还想建个花园,但因土壤贫瘠,以失败告终。殖民点刚有了点儿模样,普特林古就回了法国。孤零零的殖民点即将面对寒冷的冬天。不久,海岸上深红的金秋渐渐远去,阳光也"黯然失色"了。狂风沿着冰冷的河岸呼啸而来,穿透了殖民者匆忙搭建起来的房子。他们心头好像被泼了一盆冷水。婆娑的飞雪朦胧了他们的双眼。听着潮汐涨落时不祥的冰裂声,他们惶惶不可终日。恶浪和潮汐轮番控制着岛屿,致使来自大陆的供应经常被切断。他们缺少燃料和饮用水,不久便身心俱疲。坏血病开始流行了,斯塔达科纳和皇家查尔斯堡令人心碎的场景又一次上演。最后,七十九位殖民者中,只有四十四人侥幸活了下来,迎接来年的春天。这些幸存者身体极度虚弱,既无力照顾垂死的同伴,也无力埋葬死去的同伴。不过,圣克洛伊岛的希望之火没有熄灭,全靠萨缪尔·德·尚普兰不屈的精神。

暮春时节,普特林古的船才赶到。于是,漫长的苦难终于结束了。整个夏天,萨缪尔·德·尚普兰和皮埃尔·杜加·德蒙都一直沿着岸边探查。他们最南到了科德角，但没有发现像罗亚尔港那样理想的定居点。因此，8月，这个已经大大缩小的殖民团带着主要建材，离开了圣克洛伊岛。他们越过海湾，来到条件稍好的罗亚尔港。他们前脚刚走，印第安人后脚就拆了个干净。除萨缪尔·德·尚普兰挖下的一口废井外，岛上再没有任何痕迹能证明他们来过。

第四节 开发罗亚尔港

罗亚尔港定居点的房子很快便建好了。为了戳穿国内政敌的阴谋，皮埃尔·杜加·德蒙与普特林古匆忙赶回法国，留下蓬格雷夫和萨缪尔·德·尚普兰带领殖民地人民面对另一个冬天。不过，圣克洛伊岛上的悲惨经历没有重演。首先，他们得到了米克马克酋长蒙巴图的热情帮助；其次，他们的领导人很有远见，这次选址更适合居住。

春天到了，皮埃尔·杜加·德蒙和普特林古还没有回来，殖民者们开始变得焦虑不安。夏天一天天过去，物资逐渐减少，法国船还没有来。于是，他们就造了两只小船。如果不算在吉尔尼斯建船的托瓦尔德，那么他们就是新斯科舍省造船业的先驱了。罗亚尔港定居点由两个人照看，其余的人前往东海岸的渔场，希望在那里

第二章

见到法国同胞并得到援助。但在他们离开后第十二天，普特林古就带着充足的物资和一批新移民来了。遗憾的是，皮埃尔·杜加·德蒙继续留在法国和政敌斗争，但他派来了睿智的莱斯卡博[①]。这位巴黎的律师学识渊博，精明能干，风趣幽默，坚毅勇敢。在加拿大历史上，他是最受欢迎的人物之一。他在定居点生活，并成为研究这个地方最权威的历史学家。

普特林古派出一艘船，追上了十二天前外出求援的小船。接着，罗亚尔港恢复了往日其乐融融的景象。蓬格雷夫回了法国，萨缪尔·德·尚普兰和普特林古则继续探险之旅。莱斯卡博留守定居点，在近水的富饶草地上种植小麦、黑麦和大麦。他也开垦花园，让定居者在工作之余收获快乐。11月，探险队铩羽而归，这就意味着他们整个夏天一无所获。但莱斯卡博在罗亚尔港热情地举行化装舞会，为他们接风。于是，热闹而惬意的场面扫去了他们心中的不快。

1606年到1607年的那个冬天，温暖舒适。1607年1月，殖民者们在河上举行帆船赛，在阳光照耀的麦田里野餐。这是一个难忘的冬天，萨缪尔·德·尚普兰"美好时光组织"诞生了。该组织由殖民地的十五位领导构

[①] 莱斯卡博（Lescarbot，约1570—1641），法国作家、诗人和律师。1606年底，他来到北美，深入研究了法国对北美的开拓。——译者注

成，活动地点是普特林古的黑天花板餐厅，规则是带上友善和欢笑。每个成员轮流佩戴精致的"东家"领结一天。"东家"要负责大家当日的伙食。莱斯卡博评价道，每个成员都尽职尽责；他们吃到的饭菜比巴黎餐馆便宜很多，但不失精致。从法国运来的物资很充足，毗邻而居的印第安人送来的鱼和野味等也入了席。盛大的聚餐仪式一般在中午举行，由当日的"东家"主持。酋长蒙巴图坐在嘉宾席上，虽然已年过百岁，脸上布满皱纹，但仍是一名勇士。一些印第安妇女和孩子围坐在他四周的地板上，一边等着吃饼干，一边看着火苗从宽敞的烟囱里窜出。

  他们就这样开心地吃、住、玩，平安地度过了冬天。春天，他们造了一架水车，热情高涨地搞起了渔业和农耕。看来这次探险成功无疑了。然而，一个糟糕的消息传来，宛如晴天霹雳。一艘来自圣马洛的船带来了坏消息——皮埃尔·杜加·德蒙被对手击败了，他的特许权被取消了。这就意味着殖民者们失去了靠山。于是，他们不得不放弃罗亚尔港。在印第安人充满离愁别绪的歌声中，殖民者们沮丧地启程回国了。普特林古挥手告别可爱的避风港时，暗下决心，日后一定要与家人回来，在他深爱的阿卡迪亚这片土地扎根。

第二章

第五节 耶稣会和比安古在阿卡迪亚

皮埃尔·杜加·德蒙不再关注阿卡迪亚的发展,开始探索西北海道。尚普兰则北上开发建设魁北克,他在圣劳伦斯流域的杰出贡献让他流芳百世。他的事迹我们随后再讲。只有普特林古仍然对罗亚尔港念念不忘。1610年,他再次回到了这个让他魂牵梦萦的地方。这次,他还带去了一位虔诚的神父拉·弗莱什。蒙巴图和他的部落迅速改变了信仰。皈依天主教的老酋长赞成立即讨伐那些不准备改变信仰的部落。1611年,普特林古十八岁的儿子(史称"比安古")带着已经受洗的印第安人员名单返回法国,用来证明父亲对改变异教徒信仰的热情。但他抵达法国后,一个惊天噩耗传来了。国王亨利四世死在了刺客弗朗索瓦·拉瓦雅克[①]的刀下,王后玛丽·德·美第奇控制了王权。此刻,无论是对天主教爱国者而言,还是对胡格诺派爱国者而言,黑暗来临了。

于是,爱国之情慢慢消退了,传播宗教的热情主导了殖民者在阿卡迪亚的生活。神秘而坚定的黑袍耶稣会传教士注定要在加拿大历史上留下浓墨重彩的一笔。他

---

① 弗朗索瓦·拉瓦雅克(François Ravaillac,1578—1610),一名狂热的天主教徒,因为仇视亨利四世对西班牙发动的战争,所以他刺杀了亨利四世,成为臭名昭著的"弑君者"。——译者注

弗朗索瓦·拉瓦雅克刺死亨利四世。夏尔-古斯塔夫·霍茨（Charles-Gustave Housez，1822—1894）绘

美第奇王后年轻时的画像。塞迪·第·提托
(Santi di Tito, 1536—1603) 绘

们危难时处变不惊,和平时爱生闲事;常遭朋友威胁,却受敌人尊敬。根据旧加拿大公文的记录,他们总是和当权者无休止地争论。在土著居民的记忆中,他们留下了不可磨灭的光辉。他们的信仰是一团耀眼的火焰,他们完全摒弃了利己思想,无所畏惧、义无反顾地走进了荒野深处。他们和野蛮人生活在一起,忍受着污秽和耻辱,痛苦与折磨,但只要能拯救一个灵魂,他们死不足惜。不管对成立耶稣会的指责是否合理,但它培育出了诸多圣徒和英雄却是不争的事实。

年轻的比安古带着救援物资回到罗亚尔港时,神父皮埃尔·比亚尔①和埃尼孟德·马塞②作为耶稣会的代表,加入了他的事业。美第奇王后和许多贵妇纷纷慷慨解囊,资助他们虔诚的事业。但主要赞助人是德貌双全的盖尔谢维尔夫人。她购买了圣马洛胡格诺派商人的公司的股权,然后全部转给了耶稣会。在罗亚尔港,传教士和普特林古之间很快就出现了矛盾。据说,普特林古曾愤怒地对传教士喊道:"告诉我到天堂的路,我再告诉你们地上的路。"后来,普特林古就回法国了,留下儿子比

---

① 皮埃尔·比亚尔(Pierre Biard, 1567—1622),耶稣会牧师。他生于法国格勒诺布尔。1583 年,他在阿维尼翁学习哲学和神学。后来,他奉耶稣会之命,他前往北美罗亚尔港殖民点传教。——译者注
② 埃尼孟德·马塞(Énemond Massé, 1575—1646),耶稣会牧师。他生于法国里昂。1611 年 4 月 22 日,他到达阿卡迪亚殖民点。——译者注

第二章

安古独自负责罗亚尔港的事业。这位机敏睿智、精力充沛的年轻人，曾担任海军中将，负责新法兰西海域的防务。整个夏天，他都在强化自己的权威，接收辖区商船奉献的贡品。比亚尔神父则刻苦学习印第安人的语言，大部分时间和他们生活在一起，希望能获得他们的同情，了解他们的内心世界。冬天比较难熬，酋长蒙巴图的去世让他们雪上加霜。一月底，普特林古派来一艘船。船上除了载着解燃眉之急的物资外，还载着一名代表盖尔谢维尔夫人的庶务修士。上次比安古离开法国后，耶稣会的影响力不断扩大。盖尔谢维尔夫人从路易十三那里获得了从佛罗里达到圣劳伦斯的特许经营权。事实上，荷兰在哈得孙河的交易站、英格兰在弗吉尼亚的詹姆斯敦和缅因的佩马奎德等小块居留地的经营权（1607年开始）也都包含在内，但却被忽略了。盖尔谢维尔夫人的经营权唯一没有涉及的地方是普特林古在罗亚尔港的那块小领地。这里的经营权是亨利四世授予普特林古的。因此，比安古和耶稣会之间立即爆发了激烈的冲突，但最终比安古获胜。三个月后，一场调解发挥了作用，皮埃尔·比亚尔写了一封信寄回法国。在信中，他对比安古赞赏有加。

1613年3月，耶稣会派出一支由索萨耶带领的远征军。到了拉海韦后，他们竖起了带有盖尔谢维尔夫人标志的十字架。接着,他们来到罗亚尔港,带上皮埃尔·比亚尔和埃尼孟德·马塞,沿大西洋海岸继续南下,一直抵达荒山岛。在这里,经过一番讨论后,他们准备新建一个殖民点,称"圣索弗尔"。

然而,这个殖民点注定不会长久,因为试图摧毁它的弩箭已经飞速射来。其实,这原本是海盗的一次非法袭击,但最终却成了历史事件,标志着英法两国争夺美洲大陆的开始。一天,一位来自弗吉尼亚英格兰殖民地的移民塞缪尔·阿加利驾着一艘装备精良的船路过缅因海岸。听说法国人到这里安家后,他勃然大怒,无法容忍侵犯主权的行为,因为这里是詹姆斯国王的地盘,不是盖尔谢维尔夫人的。他突袭了圣索弗尔,夺取了那里的物资。接着,他先是将一些法国人放在敞口船上任其在海上漂泊,然后把包括皮埃尔·比亚尔在内的其余人都带回弗吉尼亚囚禁。如果没有印第安人的帮助,那些漂在海上的法国人肯定就没命了。获救后,他们沿着海岸慢慢向北走,途中遇到了一艘货船,然后乘货船回了法国。从被俘的法国人(一说是皮埃尔·比亚尔)口中,詹姆斯敦总督知道了罗亚尔港这个定居点。就像法国人一口咬定发现北美大陆的是约翰·韦拉扎诺一样,英格兰人认定北美大陆的发现应归功于约翰·卡伯特。罗亚尔港和弗吉尼亚的移民彼此都认为对方是入侵者。因此,

第二章

塞缪尔·阿加利奉命北上消灭法国入侵者。但他抵达罗亚尔港后,却发现无人防守。原来,这时比安古和他的百姓不是深入印第安人之中,就是在河流上游耕种。他们的房屋被洗劫一空后,在大火中化为灰烬,甚至连未收割的庄稼也遭到了野蛮的践踏。阿加利凭借超人胆量和无赖行为名利双收,返回弗吉尼亚后,被尊称为"爵士"。而罗亚尔港不幸的人们则只能靠野菜和印第安人的慷慨接济熬过冬天。不久,在法国家乡梅里小镇的一次战斗中,勇敢的普特林古不幸牺牲,但他不服输的儿子比安古继续坚守阿卡迪亚,狩猎,捕鱼,做贸易,最终部分恢复了罗亚尔港的原貌。和比安古一起奋斗的人中还有一个非常重要人物,就是胡格诺派的绅士查理·拉图尔[①]。

第六节　英格兰开发纽芬兰和哈得孙湾

在弗吉尼亚,英格兰慢慢站稳了脚跟[②]。汉弗莱·吉

[①] 查理·拉图尔（Charles La Tour, 1593—1666）,法国殖民者、皮货商人,1631年到1642年、1653年到1657年,两任阿卡迪亚总督。他为法属北美殖民地的发展做出重要贡献。——译者注
[②] 1585年,在弗吉尼亚的罗亚诺克岛,拉雷试图开发一块殖民地,但最后计划彻底失败。英格兰在美洲大陆首批永久居住地分布在弗吉尼亚公司所在地,当时,约翰·史密斯船长是公司的领导,而波卡洪塔斯是一位传奇人物。——原注

尔伯特爵士探索失败后二十多年来，英格兰人已经不再关注多暴风的北方了。在纽芬兰渔场，英格兰渔民蜂拥而至。他们虽不及法国、西班牙和葡萄牙渔民勤快，但却霸占了纽芬兰渔场部分水域，并在岸边建立了晒鱼场。1610年，英格兰成立了"伦敦—布里斯托尔殖民公司"，其中包括著名的培根公司。该公司在纽芬兰的康赛普申湾建立了一块殖民地。约翰·盖尔[①]是公司的领导，尽管他只会纸上谈兵，但并非一无是处。约翰·盖尔和大部分追随者后来都回了英格兰，坚持下来的少数人开创了繁荣的渔业。

之后，"渔船队长"统治时期来临了。渔船队长奉海军部之命，站在甲板上进行统治，方式虽然粗放，但效果不错。他们严密监视着那些经常光顾这片海域的船只。理查·怀特伯恩[②]就是一位著名的渔船队长。他是水手，也是骁勇的士兵，还是一位作家。在与西班牙的海战中，他建立了卓越的功绩。他出入纽芬兰海岸一带，做了四十多年的贸易；退休后，他写了本《探索纽芬兰》，赞美了他深爱着的地方。该书引起了英格兰人的阅读兴趣，英王詹姆斯一世下令要确保国民人手一册。

[①] 约翰·盖尔（John Guy, 1568—1629），英格兰投机商人、殖民者、首任纽芬兰总督。——译者注

[②] 理查·怀特伯恩（Richard Whitbourne, 1561—1635），英格兰殖民者、航海家和作家。——译者注

第二章

1623年，巴尔德摩勋爵①接管了纽芬兰殖民地。因为他治理有方，所以疆域不断扩大。他南进到一个半岛，将之命名为"阿瓦隆半岛"。在这里立足后，他投入巨资用于开发。后来，在阿瓦隆半岛的韦鲁兰姆村，他建了一所富丽堂皇的房子。他和家人在里面住了好多年，堪称名副其实的移民。但半岛上的土壤实在贫瘠，加之法国人频繁袭击，最终，巴尔德摩选择了放弃。但在他的影响下，一大批人先后来到阿瓦隆半岛。韦鲁兰姆村历经沧桑，今天仍然存在，只不过今天叫"费里兰"。

伦敦—布里斯托尔殖民公司在纽芬兰开拓殖民地时，亨利·哈得孙也在这里探险。1610年，这位勇敢的、命运多舛的航海者抵达了以他名字命名的那条大河。当时，他受雇于荷兰。他的发现轰动了荷兰。荷兰人马上通过贸易和定居的方式占据了后来被称为"纽约"的地区，并称之为"新荷兰"。后来，哈得孙又为英格兰效力。他驾驶"半月"号北航。穿过一条波涛汹涌的海峡后，他进入一片开阔的亚寒带海域。他准备在这片山石环绕的荒凉水域中过冬，盼着来年春天找到向西的通道。然而，在寒冷和孤独面前，他的船员失去了人性，发动了

---

① 巴尔德摩勋爵，即乔治·卡尔弗特（George Calvert, 1579—1632），詹姆斯一世时期重臣。他支持王储查理（后来的查理一世）与西班牙公主联姻。联姻失败后，他随之失势。于是，他开始关注并积极参加英格兰在北美的殖民活动。——译者注

巴尔德摩勋爵。丹尼尔·米特斯（Daniel Mijtens，约 1590—1647/48）绘

哈得孙北航期间，船员叛变。他们把哈得孙和他的儿子以及他两位忠诚的助手塞进一只敞口小船，任凭他们漂在无情的海面上。约翰·科利尔（John Collier，1850—1934）绘卑鄙无耻的叛乱。他们把哈得孙和他的儿子以及他两位忠诚的助手塞进一只敞口小船，任凭他们漂在无情的海面上。叛乱者返回英格兰后，立即被抓，并受到应有的惩罚。英格兰立刻派出三艘船去营救他们，但不得而终。哈得孙葬身于他发现的海域。他的名字因这片海域而永载史册。

第三章

第一节 尚普兰建设魁北克

现在我们需要把时间退后几年,接着上文讲述萨缪尔·德·尚普兰的故事。上文提到,他把罗亚尔港交给普特林古掌管。1608 年,在皮埃尔·杜加·德蒙的资助下,圣劳伦斯河流一块新的殖民地建立起来了。虽然皮埃尔·杜加·德蒙当时内外交困,但他还是暂时保住了北美殖民地的特许权。有人提议他使用从毛皮贸易中获得的利润来开发殖民地。提出这个建议的包括探险家兼殖民者萨缪尔·德·尚普兰和老练的商人蓬格雷夫。这时,斯塔达科纳已经消失,但就在高耸的绝壁脚下,萨缪尔·德·尚普兰为后来魁北克的建设奠定了坚实的基础。他们在空地的四周建了一些简陋的房子,在空地中间建了一个露天广场。广场中心立着一根杆子,杆子顶端有一个鸽舍,象征着萨缪尔·德·尚普兰崇尚和平的愿望。住宅区外围分布着木墙、水沟和配备武器的棱堡等防御工事。这些工事刚建成,一起谋反事件就发生了。因为萨缪尔·德·尚普兰损害了一些非法皮货商的利益,所以他们想要暗杀他,夺取新生的殖民地。萨缪尔·德·尚普兰快刀斩乱麻,很快粉碎了这场阴谋。最后,主犯被绞死了,四个从犯被判回法国服苦役,其他人则受到严厉的警告。

冬天,萨缪尔·德·尚普兰遇到了一些来自渥太华的阿尔冈昆人①。他们称尚普兰为"铁人",并请他帮他们对付可怕的易洛魁人②。萨缪尔·德·尚普兰一方面很想了解这个部落的情况,另一方面急于增强他在土著同盟中的影响力,于是就欣然允诺。萨缪尔·德·尚普兰杀戮易洛魁人当然应该遭到谴责,而且正是他的这一决定,导致了易洛魁人后来对新法兰西的报复。但不要忘了,斯塔达科纳和奥雪来嘉的满目疮痍恰好说明——易洛魁人和阿尔冈昆人之间积怨已久。实际上,

---

① 阿尔冈昆人(Algonquins)散居在渥太华河上游两岸的密林中,深受东面蒙塔格奈人(Montagnais)、纳斯卡皮人(Naskapi)及西面奥吉布瓦人(Ojibwa)的文化影响,以狩猎为主。他们力量相对弱小,经常遭易洛魁人袭杀。——译者注
② 易洛魁人是一支北美印第安人。1570年,易洛魁人五大部落莫哈克、奥内达、奥农达加、卡尤加、塞内卡结盟,史称"易洛魁联盟"。——译者注

萨缪尔·德·尚普兰来到魁北克。亨利·博（Henri Beau，1863—1949）绘

一对阿尔冈昆人夫妇。绘者信息不详

第三章

占领奥雪来嘉的休伦人[①]和易洛魁人关系更近，但为了生存，休伦人的利益和命运又与阿尔冈昆人交织在一起。法国人又与阿尔冈昆人为友，因此，易洛魁人迟早会与法国人为敌。法国人即便保持中立，也避不开莫哈克人的斧头。如果不共同对敌，他们将失去朋友的信任。然而，萨缪尔·德采取的策略是需要强势执行。如果不是经常缺少铁腕领导人的话，那么新法兰西也许就不会有那么多血泪和灾难了！

易洛魁人的村落位于魁北克西南，今纽约以北。他们的威名震四方，影响范围远超其领地，从密西西比大草原一直到北极边缘。1609年春，在休伦人和阿尔冈昆人的陪伴下，萨缪尔·德·尚普兰率领一小支队伍沿黎塞留河[②]而上。穿过一个内陆湖（今尚普兰湖）后，他们突袭了莫哈克人[③]。莫哈克人大约有两百人，而萨缪尔·德·尚普兰只有六十人。在法国人步枪射出的一发发子弹面前，易洛魁鄙视手下败将的那种表情荡然无存了，对他们而言，有的只是恐惧。这个不可一世的部落也尝到了惊恐和耻辱的味道，而且久不能忘。踏平他们的村落后，兴奋的胜利者匆忙撤回圣劳伦斯河对岸。

[①] 休伦人是在圣劳伦斯河流域活动的印第安人。他们说易洛魁语，与易洛魁人关系较密切。——译者注
[②] 当时称"易洛魁人之河"，是易洛魁人去北方的主要通道。——原注
[③] 莫哈克人是易洛魁人之一部，也是易洛魁联盟之首。——译者注

065

第二节　尚普兰探索渥太华

在接下来的三年中，萨缪尔·德·尚普兰忙得不可开交，既要探险，又要攻打易洛魁人，还要保护殖民地免遭皮货商入侵。法国政府控制着殖民地的财政大权。每当权力交接时，萨缪尔·德·尚普兰都会被召回法国。其中一次，他带着妻子回来了。她叫海伦。蒙特利尔对面圣劳伦斯河上的海伦岛就是以她的名字命名的。1613年，一个谎言点燃了萨缪尔·德·尚普兰的探索热情。谎言制造者叫尼古拉·维戈南，据说他曾在渥太华上游的印第安部落过了一个冬天。尼古拉·维戈南对周围人讲，他沿渥太华河一路西行，最后找到了其源头的大湖。大湖北边是另一条河的河口。该河可通向一片未知大海。那些信以为真的人大喊道："太好了，终于找到去中国的路了。"一时之间，尼古拉·维戈南名声大噪。

萨缪尔·德·尚普兰带着三个随从和尼古拉·维戈南分乘两只独木舟，前去验证故事是否属实。他们从清澈见底的圣劳伦斯河划进了被杉树汁液染黑的渥太华河。凶猛的激流挡住了他们的去路，探险者抬着独木舟，敬畏地盯着沙迪厄尔河（现在渥太华锯木厂附近）发出巨响的漩涡。连印第安人都怕沙迪厄尔河的激流。为了安抚愤怒的河神，他们常将烟草和其他祭品投进去。

第三章

最后,萨缪尔·德·尚普兰来到阿留米特岛,受到友善的阿尔冈昆人热情款待。尼古拉·维戈南的谎言终被揭穿[①]。萨缪尔·德·尚普兰毕竟是一个有胸襟的人。短暂的震怒后,他并没有惩罚那个骗子,只是非常失望地返回了魁北克。当萨缪尔·德·尚普兰勇敢地在北美大陆中心地带探险,深入到土著人的生活中时,英格兰只有几个定居者老老实实待在弗吉尼亚海岸不敢出动,一旦越界就有斧头和弯刀等着他们。

萨缪尔·德·尚普兰到来之前,基督教还没有在魁北克居留地传播。但现在(1615)萨缪尔·德·尚普兰带来了四位雷哥列派教士。他们是虔诚的信徒,忘我地奉献,只为改变印第安人的信仰。他们盼着,殖民到哪里,哪里就能获得精神关怀。虽然他们的成就不如耶稣会那么辉煌,但他们还是在默默努力中做出了不平凡的贡献。他们是第一批走进圣劳伦斯河流域至芬迪湾之间荒野中的欧洲人。五年间,他们走遍了内比斯奎、圣约翰、塞布尔角和罗亚尔港。萨缪尔·德·尚普兰到休伦人村落探险前,神父约瑟夫·拉卡伦[②]已先他一步,满

[①] 维戈南很可能听说过通往詹姆士湾的路线,于是,这成为他杜撰故事的基础。——译者注

[②] 约瑟夫·拉卡伦(Joseph Le Caron,约1586—1632),第一位进入休伦人那里的传教士。1629年,他在魁北克被英格兰人俘虏,后被送回法国。1632年,他死于瘟疫。——译者注

腔热情地来到这里，成为第一个把十字架带到五大湖部落的人。

第三节 深入休伦人村落

萨缪尔·德·尚普兰前往休伦人村落的征途有点坎坷。他带着包括勇士艾蒂安·布吕莱[①]在内的一些随从，先由渥太华河溯流而上，穿过尼皮辛湖，沿着弗伦奇河到了乔治亚湾，沿着岛屿众多的海岸前行至曼奇达什湾，最后来到了一片高低起伏的富饶之地。沿着一条宽阔的道路前行，他们经过了几个休伦小村，最后到了休伦部的"首都"卡拉谷。用于防御的高高的栅栏围着卡拉谷。卡拉谷里面密集地分布着许多长方形的屋子。神父约瑟夫·拉卡伦已经等他们很久了。8月12日，盛大的感恩仪式举行了，向休伦人传教正式开始了。历经千辛万苦的探险者们马上迷上了这片土地。田野里向日葵、玉米和南瓜丰收在望，灌木和大树上果实累累，空气里充满了温暖和生机。

萨缪尔·德·尚普兰向盟友休伦人承诺，帮助他们

[①] 艾蒂安·布吕莱（Étienne Brûlé，约1593—1633），第一位远离圣劳伦斯河流域的欧洲探险家。他曾担任萨缪尔·德·尚普兰的翻译和向导，为探索休伦人贡献良多。——译者注

第三章

攻打易洛魁人。9月,萨缪尔·德·尚普兰与休伦人一起从卡拉谷出发,取道特伦特河,顺流而下到了安大略湖,然后穿过不远处的河口。藏起独木舟后,他们悄无声息地穿过幽深的树林,最后,一个防御能力强大的奥农达加人①小镇出现在他们眼前。一拨年轻的休伦勇士根本不顾萨缪尔·德·尚普兰的反对,大喊着就冲了过去,结果大败而回,不少人受了伤。他们只好向萨缪尔·德·尚普兰求救。小镇外围是四重用于防御的栅栏。栅栏顶部安装着水槽,以防敌人火攻。萨缪尔·德·尚普兰让盟友建造一个带顶的移动塔楼。这样一来,火枪手就可以站在塔楼上向外射击。他还教他们用柳条和兽皮做盾牌,以便抵挡易洛魁人射来的箭。第二天,移动塔楼一就位,进攻就开始了。法国人的火枪一响,易洛魁人一片恐慌。然而,目无纪律的休伦人早把萨缪尔·德·尚普兰的训话当成了耳旁风。他们扔掉盾牌,跑进开阔地,疯狂地开弓放箭。震天的喊杀声湮没了萨缪尔·德·尚普兰的声音。萨缪尔·德·尚普兰的大腿和膝盖中了箭。休伦人冒着箭雨勇敢地冲向前,烧着了敌人的栅栏,但很快就被倾泻而下的水浇灭了。经过三个小时酣战,他们几乎没有什么战果,于是悻悻地收了兵。他们决定等约好

---

① 奥农达加人是易洛魁人之一部,兵强马壮,骁勇善战。——译者注

来帮他们的五百伊利人①，但五天过去了，伊利人并未出现。他们无心再等了，决定抬着受伤蒙辱的尚普兰悄悄溜走。他们对"铁人"萨缪尔·德·尚普兰深感失望。回到湖边，他们发现独木舟完好无损，就立即仓惶逃向对岸。

之前，休伦人向萨缪尔·德·尚普兰信誓旦旦地保证袭击易洛魁人后，就会沿圣劳伦斯河送他到罗亚尔山，但现在他们却失信，真是不知羞耻。他们摆出无数理由：现在不是时候啦，秋季要狩猎啦，要提防南岸的易洛魁人进攻啦……这些听起来都不无道理。萨缪尔·德·尚普兰被迫回到休伦人那里，并在那里过冬，他的生活起居由一位叫杜兰特尔的首领照顾。他与神父约瑟夫·拉卡伦一起走访了西部偏远地区的休伦村落。于是，他振奋起来了。第二年春，平息了休伦人和阿尔冈昆人（渥太华河上游的一个部落）的冲突之后，他从乔治亚湾出发，经渥太华到达魁北克。他在魁北克受到了热烈欢迎，整个人也好像死而复生一般。

---

① 伊利人是北美印第安人，历史上生活在伊利湖岸。——译者注

第四节 加拿大几易领主

此刻，加拿大的财权由康德公爵[①]支持的圣马洛和鲁昂联合商会控制着。康德公爵只关心他在加拿大的权力和特权能否让自己的钱包鼓起来，而商会也一直盼着赶走萨缪尔·德·尚普兰。他们都觉得萨缪尔·德·尚普兰很麻烦。他们只想做生意，但萨缪尔·德·尚普兰却经常提醒他们不要忘记共建殖民地，教化原住民。于是，一方面，萨缪尔·德·尚普兰时刻提醒商人履行责任；另一方面，商人们使用诡计，与他不断周旋。1617年，曾在罗亚尔港辅佐比安古的药剂师路易·赫伯特带着妻子和两个孩子来到魁北克定居——加拿大首个农民家庭出现了。两年后，一批由八十人组成的法国移民来到这里。1620年，萨缪尔·德·尚普兰也在这里安家了。他美丽、热情的妻子也全身心地投入到教化印第安妇女和儿童的工作中。

皮货商只顾赚钱，其他一概不顾。他们用白兰地腐化了原住民的精神和肉体，魁北克人的道德慢慢地沦丧了。原住民似乎天生就依赖酒精，一旦尝过，就不惜用昂贵的毛皮来换几口让自己神志恍惚的液体。萨缪

[①] 康德公爵（Prince de Conde, 1588—1646），波旁王朝大贵族，王位的顺序继承人之一。——译者注

萨缪尔·德·尚普兰在魁北克的家。
萨缪尔·德·尚普兰自绘

萨缪尔·德·尚普兰美丽、热情的妻子也全身心地投入到教化印第安妇女和儿童的工作中。绘者信息不详

尔·德·尚普兰对此深恶痛绝、坚决反对。这挡了皮货商的财路，令皮货商恨之入骨。

不久，联合商会因为不履行承诺，其特许权被取消了。特许权转给了纪尧姆和埃默里·德·卡昂两位胡格诺派绅士，条件是他们只能让罗马天主教徒在殖民地定居。然而，该变化并没有使殖民地平静下来。天主教移民和胡格诺派水手之间，新老垄断者之间，矛盾重重。萨缪尔·德·尚普兰必须拿出十二分的勇气和毅力，才不至于放弃自己的宏图大志，才不至于任由殖民地无序地发展下去。

老问题还没有解决好，新危险又出现了。一队易洛魁人悄悄地摸了过来，发誓要血洗魁北克。但他们对法国人的火枪心有余悸。一番考虑后，他们撤了回去。随后，他们像一群黄蜂一样冲向圣查理修道院，但这里高度戒备的神父们全副武装，严阵以待。他们被吓退了。在惊恐的神父们面前焚烧了两个休伦囚犯后，易洛魁人消失在回家的路上。易洛魁人怀有敌意，萨缪尔·德·尚普兰早已料到，但他却没有料到，不久圣劳伦斯河流域的蒙塔格奈人会在他背后捅刀子。蒙塔格奈人是阿尔冈昆部落的一支，是他曾经患难与共的盟友。这群善变的野蛮人密谋杀掉他们的恩人，夺取魁北克。萨缪尔·德·尚普兰轻松粉碎了他们的阴谋，他们转而又恬不知耻地乞

第三章

求他的帮助。危险过去后，尚普兰带着妻子回了法国。她在魁北克待了五年，对殖民地的情感颇为复杂。

紧接着，加拿大领主又换成了狂热的宗教分子文塔多公爵。萨缪尔·德·尚普兰在法国待了一两年。其间，他让埃默里·德·卡昂管理殖民地。文塔多公爵既不关心贸易，也不考虑殖民地的发展，唯一关注的是拯救灵魂。于是，他向加拿大派出了三位耶稣会教父：路易·拉勒芒[①]、埃尼孟德·马塞[②]和布莱伯夫。在讲十四年前的阿卡迪亚时，我们提到过埃尼孟德·马塞。胡格诺派的埃默里·德·卡昂不欢迎他们，但雷哥列派却欢迎他们到圣查理修道院里来。一年后，诺伊洛和拉努昂也来了。不久，耶稣会传教士有了自己的修道院。布莱伯夫动身去探访休伦人村落。途中，听说休伦人把一个教士[③]杀了，他便不敢再去了，让他名噪一时的宗教热情此时还没有激发出来。

后来，萨缪尔·德·尚普兰返回魁北克时，这块殖民地已成立近二十年了。主居留地加上徒门角哨站以及泰道沙克和三河城贸易站的移民总数共一百零五人。埃默里·德·卡昂的贸易垄断没给殖民地带来更多好处，

[①] 路易·拉勒芒（Louis Lallemant，1578—1635），法国耶稣会传教士，1625年来到加拿大传教。——译者注
[②] 见本书第54页。——译者注
[③] 神父尼古拉·维尔被野蛮人投入蒙特利尔后面的激流中淹死了。——原注

但大量河狸惨遭捕杀却是事实。一年内，两万两千张河狸皮经圣劳伦斯河运到法国。

同一时期，在多方力量的支持下，英格兰人在马萨诸塞荒凉的海岸上建起了一块殖民地。1620年，在萨缪尔·德·尚普兰悉心照料着他那块柔弱的殖民地，并希望她能快速成长起来的时候，清教徒们已乘坐"五月花"号来到了北美大陆。这批人是被流放到普利茅斯湾的。在岸边岩石上，瑟瑟发抖的他们依然能保持坚定的目光。他们注定要成为魁北克的对手。两个对手出身不同，成长各异。一个脱胎于专制主义，另一个在反叛中诞生；一个受正教熏陶，另一个则是异教之徒；一个在遭受干涉中生活，另一个在无人关注下成长。

狡诈的铁腕首相黎塞留①在强化君权的同时，获得了一人之下万人之上的权力。这时，他把目光转向了加拿大，发现萨缪尔·德·尚普兰有一些难缠的对手。于是，他增强了萨缪尔·德·尚普兰的权力，废除了埃默里·德·卡昂的垄断权，组织成立了"百联公司"，自任股东头子。文塔多公爵的代理总督权被收回，新的权力正在重塑加拿大的命运。黎塞留以效忠王室的名

---

① 黎塞留（Richelieu，1585—1642），一代权相，辅佐路易十三成就霸业。三十年战争期间，他发挥外交天赋，大大增强了法国的实力，提高了法国的国际地位，奠定了法国称霸欧洲大陆两百年的基础。——译者注

清教徒们乘坐"五月花"号来到了北美普利茅斯湾,开始登陆。远处的那艘大船就是"五月花"号。米歇尔·菲利斯·考内(Michele Felice Cornè,1752—1845)绘义①，牢牢地控制了新法兰西（加拿大、阿卡迪亚、纽芬兰和佛罗里达）的所有特许权。

新法令规定，在新法兰西只能信奉罗马天主教。于是，教派间的不和解决了，胡格诺派不得再踏上这片土地。新法令还要求，1628年，百联公司必须派往新法兰西三百移民，在未来十五年内逐步将移民人数增加到六千。公司在皮货贸易上永享垄断权，在除鲸鱼和鳕鱼外其他贸易上享有十五年的垄断权。公司还从国王那里获赠两艘装备精良的战舰。萨缪尔·德·尚普兰是公司合伙人之一，他在魁北克的领导地位也得到了确认。

第五节 英格兰人首夺魁北克及尚普兰病逝

法国井然有序地规划着，而魁北克却正在"忍饥挨饿"。殖民地的供给紧张，萨缪尔·德·尚普兰望眼欲穿，等待物资的到来。新法兰西公司派罗奎蒙特带着十八艘载满物资的船从迪耶普出发前往魁北克。然而，当时，法国和英格兰已经宣战②，英格兰的戴维·科克③上将正

---

① 包括宣誓效忠国王，承诺在需要时服兵役，殖民地向在位的国王敬献黄金王冠。——原注
② 指三十年战争中法国与英格兰开战。——译者注
③ 戴维·科克（David Kirke，约1597—1654），英格兰探险家、殖民地开拓者、查理一世宠臣。——译者注

第三章

率领一支舰队朝同一目的地进发。戴维·科克上将先到一步。在泰道沙克驻扎下来后，他派了一艘小船前往魁北克劝降。看着挨饿的守军、空空如也的弹药库、摇摇欲坠的营房，勇敢的"加拿大之父"萨缪尔·德·尚普兰并未向强大的敌人屈服。他传话给英格兰将领，他将随时应战，魁北克决不会轻易投降。

戴维·科克上将被他表现出来的自信蒙骗了，就撤走了舰队。不过，他得到了命运的青睐。离开加斯佩时，他正好碰上罗奎蒙特的舰队。一番激战后，他俘虏了罗奎蒙特，缴获丰厚的战利品。于是，魁北克的希望彻底破灭了。

随着时间的推移，殖民地的日子越来越难过了。萨缪尔·德·尚普兰一边让人们去树林里挖野树根吃，一边派出去一艘小船到加斯佩海岸，看看能否碰上友好的商人，从而获得帮助。第二年，萨缪尔·德·尚普兰甚至一度打算放弃魁北克，然后进攻易洛魁人，夺取一个小镇。他非常清楚，只有在那里，才可能找到足够的粮食。然而，他还没下定决心采取行动，戴维·科克上将又回来了。去年，公然反抗他的城堡如今却像看见救星一样欢迎他的到来。魁北克又恢复了往日的欢乐，萨缪尔·德·尚普兰随即放弃了抵抗，接受了戴维·科克上将的慷慨救助。法国殖民者获准仍可以住在城堡里，但魁北克上空却首次升起了英格兰国旗（1629）。

但当时呼唤和平的《苏萨协定》（*Convention of Susa*）已出，戴维·科克上将的行为显然是不合法的。然而，当时法国政府已无暇顾及加拿大，所以并没有要求英格兰归还加拿大。萨缪尔·德·尚普兰挺身而出，力劝政府重视圣劳伦斯河的战略地位，遏制英格兰势力的发展。我们可以发现，他当时就已经看清英法争夺北美大陆的本质。1632年，《圣日耳曼条约》签订，英格兰将加拿大和阿卡迪亚归还法国。法国坚持要回加拿大并非有多少经济利益可图，而是事关法国的荣誉。虽然英格兰极不情愿，但还是履行了约定。

条约刚签署，法国政府就派埃默里·德·卡昂去戴维·科克上将那里接管魁北克。默里·德·卡昂获得皮货贸易一年的垄断权，这或许可以弥补战争给他造成的经济损失。一年后，百联公司接管魁北克，萨缪尔·德·尚普兰出任督军，这片土地再次迎来了和平与安宁。胡格诺派被驱逐，雷哥列派搬到了其他地方，加拿大呈现出一幅修道院般的生活景象，简朴但不乏温馨。看起来，魁北克存在的唯一目的就是去改变印第安人的信仰。现在吸引他们的不再是白兰地，而是法国人的友善之举。在定居者中，一些人将不堪回首的过去留在了法国，此刻他们要用满腔热情，在这片土地上开创新的生活。

萨缪尔·德·尚普兰（手握佩剑者）向戴维·科克上将投降。时为1629年6月20日。绘者信息不详

接下来的两年是加拿大迄今为止最辉煌的日子。萨缪尔·德·尚普兰已经六十八岁了。他觉得自己的努力没有白费,曾经倾情浇灌的小树已经枝繁叶茂。然而,就在这难得的辉煌时期,他病倒了。1635年圣诞节,这块殖民地永远失去了曾无微不至悉心照料她的"父亲",变成了孤儿。

第四章
CHAPTER

第一节 苏格兰人在阿卡迪亚

我们再把目光投到阿卡迪亚。我们发现,自阿高尔在圣索弗尔和罗亚尔港的争斗以来,英法两国便再没有消停过。有时,它们会以比拼开发殖民地的和平方式暗中角力,尽管这并不常见。在罗亚尔港的岸边,苏格兰人开发出一小块殖民地。看起来他们和罗亚尔港的法国人的关系还比较融洽。苏格兰人定居点慢慢地发展起来了。英格兰人渐渐意识到,既然卡伯特发现了北美大陆,他们就可以对整个北美宣示主权。詹姆斯一世坚决支持这一主张。1614 年,詹姆斯一世将美洲大陆北纬 45 度到 48 度之间的所有土地称为"新英格兰",并将它授予"普利茅斯理事协会"。从此,美洲大陆上有了新英格兰、新西班牙和新法兰西。苏格兰爱国志士威廉·亚历山大①爵士觉得完全有必要再建一个新苏格兰。威廉·亚历山大爵士不仅是一位作家还是一名朝臣。他思维活跃，很快就想出了一个殖民方案。在朝廷，他的影响力很大，所以他能将方案付诸实施。1621年，他从国王那里获得特许权，可以在阿卡迪亚半岛、布雷顿岛以及今新不伦瑞克和加斯佩实施他的殖民计划。威廉·亚历山大爵士把这一大片土地叫"新斯科舍"。但现在的新斯科舍只指阿卡迪亚半岛、布雷顿岛。

　　威廉·亚历山大爵士用温和的方式管理这片壮美的领地。他没打算撵走法国人。比安古和拉图尔现在正牢牢地控制着阿卡迪亚。在送出一小批苏格兰移民后，威廉·亚历山大爵士决定等待一个更好的时机。实际上，法王任命的阿卡迪亚总督比安古，根本就不认可威廉·亚历山大爵士所宣示的领地。苏格兰移民到阿卡迪亚不久，比安古就去世了，管理领地的权力和责任就留给了曾与他并肩作战的小拉图尔。查理·拉图尔在塞贝尔岛②附近建了一个牢固的据点，叫"路易斯堡"；他父亲克劳德·拉图尔③在缅因的佩诺布斯科特河有一个贸易站。

---

① 威廉·亚历山大（William Alexander，约1567—1640），苏格兰大臣、诗人，重要的北美殖民地开拓者。——译者注
② 现在的拉图尔港。——原注
③ 克劳德·拉图尔（Claude la Tour，约1570—1636），1610年来到阿卡迪亚，为阿卡迪亚永久殖民点的建立贡献很大。——译者注

第四章

许多年来，威廉·亚历山大爵士每个季度都会派船去他的领地，或贸易，或探索，或开发。拉图尔一直克制，所以没和苏格兰人竞争，或许是想等节俭的苏格兰人发展壮大后再将他们变成猎物。1625年，詹姆斯一世驾崩，新王查理一世继续授予威廉·亚历山大爵士特许权。不久，高瞻远瞩的威廉·亚历山大爵士制订了一个殖民拓展计划。当时，如果该计划获得查理一世支持，那么苏格兰人将会牢牢控制阿卡迪亚，英法两国的战火也会限于在圣劳伦斯河两岸。

尽管威廉·亚历山大爵士的计划公然受到嘲笑，但确实符合那个年代的精神，其意义绝不亚于成立新斯科舍骑士—爵士团（1625）的意义。为了鼓励新骑士或爵士为殖民地做出重大贡献，在他们承诺开发新定居点的条件下，每人都将获得十八平方英里的地产特许权。接下来的十年，至少有一百零七位骑士或爵士获得了地产特许权。他们的地产分散在阿卡迪亚半岛、布雷顿岛、新不伦瑞克岛，甚至荒凉的安蒂科斯蒂岛。

就在威廉·亚历山大爵士的计划渐趋成熟时，英法两国爆发了战争[①]。威廉·亚历山大爵士认为，踏入自己"王国"

---

① 指三十年战争。——译者注

的时机已经到来①。非常巧合的是，当时黎塞留正在组织成立百联公司。威廉·亚历山大爵士的指望就是戴维·科克上将的远征军。我们知道，戴维·科克上将没有成功劝降萨缪尔·德·尚普兰，但却意外地俘获了罗奎蒙特的舰队。于是，萨缪尔·德·尚普兰的希望破灭了，查理·拉图尔的希望也破灭了。因为克劳德·拉图尔也在罗奎蒙特的舰队，他本打算运武器和物资到罗亚尔港。克劳德·拉图尔和其他囚犯一同被押回了英格兰。戴维·科克上将直奔罗亚尔港，发现那里的守军根本无力抵抗。最后，他以威廉·亚历山大爵士之名占领了罗亚尔港。不久，他就率舰队开拔，只留下了一小支守军负责迎接随后到来的殖民者。胆大又谨慎的查理·拉图尔则待在塞贝尔岛上的圣路易斯堡里，静观事态的变化。

一年后，萨缪尔·德·尚普兰率魁北克投降前后，英格兰一位舰长詹姆斯·斯图尔特勋爵突然发现布雷顿岛在防守海湾上的战略地位，于是就在岛东建了一座要塞。但这个要塞非常短命，法国一艘军舰在一位叫丹尼尔的舰长指挥下，攻破了这个"羽翼未丰"的要塞，俘虏了全部守军，摧毁了所有工事。在大布拉多尔河口，丹尼尔新建了一个更坚固的要塞，配以重炮，插上了法

---

① 突破法国的阻挠，使在阿卡迪亚半岛、布雷顿岛以及今新不伦瑞克和加斯佩的殖民计划变成现实。——译者注

黎塞留画像。菲利普·德·尚普兰(Philippe de Champaigne, 1602—1674)绘

国百合花旗。法国在新世界及其他地方的命运似乎正走向黑暗，但在布雷顿岛的防御部署，还有塞贝尔岛上拉图尔英勇无畏的战斗无不散发着希望和坚毅的光芒。

第二节 拉图尔父子

克劳德·拉图尔和他优秀的儿子查理·拉图尔是加拿大历史上非常重要的人物。他们家族姓圣埃蒂安。克劳德·圣埃蒂安是法国拉图尔庄园的地主，但他属于胡格诺派，在内战中失去了家产。他和年轻的儿子跟随普特兰古一起来到罗亚尔港殖民居住地。四年后，在恐怖的阿加利突袭中，拉图尔父子又一次变得无家可归。后来，克劳德·拉图尔在佩诺布斯科特河口建了一个贸易站，而查理·拉图尔则与比安古并肩作战，结下了袍泽之谊。在艰苦的生活环境中，他极大地锻炼了自己的能力，变得精明、勇敢、自立和坚忍。继承比安古的权力后，在父亲再次遭遇不幸时，他就能提供庇护了。新英格兰殖民者出于忌妒，把老拉图尔从佩诺布斯科特河的贸易站赶了出来。比安古死后不久，查理·拉图尔就把大本营从罗亚尔港搬到了塞贝尔岛，并建立了之前提到过的圣路易斯堡。也就是这个时候，他娶了一个胡格诺派温柔美丽的女孩为妻。她的英雄事迹和不幸遭遇注定要成

第四章

为我们历史中不朽的浪漫传奇。

英法战争爆发后，查理·拉图尔力争巩固自己的地盘。他派父亲回国向国王求援。老拉图尔不辱使命，率领满载人员、粮草和武器的舰队赶回阿卡迪亚。但正如前文讲到的那样，戴维·科克上将从天而降，俘获了他的舰队。当小拉图尔和顽强的部下坚守圣路易斯堡，面对困难高举国家大旗的时候，他的父亲却正在英格兰王宫享受着百般恭维和盛情款待。在老拉图尔及其他胡格诺派教徒的眼里，祖国更像是一位严苛的继母，对他们不闻不问。睿智的威廉·亚历山大爵士正好看到了这一点，他认为克劳德·拉图尔是助他实现计划的最佳人选。老拉图尔受到了极大的礼遇，他娶了一位贵族女士，他和儿子都被授予了新斯科舍爵士头衔，更重要的是他们还获得了大西洋海岸一块四千五百平方英里的领地。作为回报，老拉图尔承诺要说服儿子归顺英格兰，把整个阿卡迪亚移交给威廉·亚历山大爵士。

然而，这个不幸的贵族却没能实现他的承诺。1630年夏，他率领两艘满载移民的大船抵达了新斯科舍。在圣路易斯堡内，他游说儿子归顺英格兰，但阿卡迪亚坚决的守护者没有遵从父亲的安排。小拉图尔坚决效忠法国，他既不会被收买也不会被说服。看到威逼利诱都不起作用，无奈的父亲只好动用武力，但却被打败了。此情此景真令人唏嘘。老拉图尔感到万般羞愧,撤到罗亚尔港,把带来的移民安插在之前就已定居于此的苏格兰人中。他曾向他的贵族妻子许诺荣华富贵和大权,但现在什么也实现不了。万分悲愤中,他乞求她弃他而去,返回英格兰。但她拒绝了,发誓要与他同甘共苦。两年后,根据《圣日耳曼条约》的规定,新斯科舍和加拿大被还给了法国,因为目光短浅的英王查理一世被亨丽埃塔·玛丽亚王后的嫁妆蒙蔽了双眼[①]。克劳德·拉图尔被迫到儿子的圣路易斯堡避难,过了不久,儿子又让他到圣约翰河口去修建要塞。自此,克劳德·拉图尔就淡出了阿卡迪亚的历史舞台。再谈到拉图尔这个光芒四射的名字时,那是指他的儿子及儿媳。看到查理·拉图尔对法国无比忠诚,1631年,法王路易十三命他担任阿卡迪亚总督,并给他送去大量人员、粮草和武器。毫无疑问,荣耀的背后需要强大的力量支持。

第三节 拉图尔和沙尔尼赛的内战

当法国再次拥有加拿大和阿卡迪亚时,显然意识到了新世界的重要性。从此,法国对新世界漠不关心的态

[①] 黎塞留威胁查理一世,如果不把这些土地还给法国,就不给他亨丽埃塔·玛丽亚王后价值四十万克朗的嫁妆。——原注

1631年的查理一世。丹尼尔·米特斯绘

亨丽埃塔·玛丽亚王后。安东尼·冯·戴克
(Anthony van Dyck, 1599—1641) 绘

第四章

度结束了,百合和狮子(法国和英格兰的皇家象征)之间的斗争慢慢成为常态。这一点,高瞻远瞩的黎塞留早已感觉到了。既不爱国也没有政治眼光的英王查理一世却没有看到,但热情的马萨诸塞湾开拓者们却没有视而不见。

驱逐苏格兰人以及重建法属阿卡迪亚的任务落在了伊萨克·德·拉泽里①的肩上,他是黎塞留的亲戚,同时也是皇家海军的一名杰出舰长。1632年春,他带着一整船的移民来到阿卡迪亚。在罗亚尔港接受苏格兰移民归顺后,他把指挥部设在了拉海韦。这里比罗亚尔港更适合作为大西洋海岸中心,更利于发展渔业等事业。随伊萨克·德·拉泽里一起来的还有另外两个重要人物:尼古拉·德罗②和沙尔尼赛③。前者是继莱斯卡博特后又一位杰出的阿卡迪亚历史学家;后者是一位名声不太好的叛徒,击败了高贵的敌人查理·拉图尔。

伊萨克·德·拉泽里在拉海韦组织移民忙着捕鱼和耕种时,沙尔尼赛则忙着驱赶新英格兰的移民。普利茅

---

① 伊萨克·德·拉泽里(Isaac de Razilly,1587—1636),出身于法国大贵族家庭,18岁就被封为骑士。1612年到1615年,他与哥哥率领舰队,远航到巴西海岸。1632年,他奉黎塞留之命,来到阿卡迪亚,管理罗亚尔港殖民点,大大推动了法属北美殖民地的开发。——译者注

② 尼古拉·德罗(Nicholas Denys,约1598—1688),1632年,他来到新法兰西。1664年,他成为新法兰西皇家委员会的行政长官。1668年,路易十四为了奖励他对法属北美殖民地的贡献,封他为贵族。——译者注

③ 沙尔尼赛(Charnisay,约1604—1650),法属北美殖民地重要开拓者之一,1635年到1650年担任阿卡迪亚总督。——译者注

斯移民把克劳德·拉图尔赶出佩诺布斯科特贸易站后，他们不知疲倦地又建起一个贸易站。沙尔尼赛占领了那个贸易站，粗暴地警告新英格兰移民说，他们侵犯了法兰西的领土，他会毫不犹豫地把他们赶到科德角南端。法国人这种自负傲慢的行为彻底激怒了新英格兰移民，他们决定还击。然而，普利茅斯移民和波士顿移民相互忌妒，无法合作，而要想打败像沙尔尼赛这样的强大对手，就必须联合行动。势单力薄的普利茅斯移民进攻了佩诺布斯科特堡，但遭到法国人痛击。接下来的几年，法国人没有再受到骚扰。在佩诺布斯科特以东很远的马柴厄斯，新英格兰移民建了一个贸易站，最后被查理·拉图尔摧毁了，他把那些落败的贸易商都发配到普利茅斯湾。尽管这些简单粗暴的做法在阿卡迪亚南部地区引发了一些冲突，但新英格兰与新法兰西之间并没有敌对的恶意和强烈的仇恨。他们在竞争中还能保持礼节；和平时期还能友好交易。双方都没有意识到你死我活的"决斗"注定会到来。

然而，不久，阿卡迪亚将在一场内战中分裂。1636年，伊萨克·德·拉泽里去世，阿卡迪亚由查理·拉图尔和沙尔尼赛两个志不同道不合的人共同治理。查理·拉图尔是法王路易十三钦定的副督，沙尔尼赛曾是伊萨克·德·拉泽里的副将。他们两个都不屈不挠、雄心勃勃、

第四章

挥斥方遒。冲突在所难免。查理·拉图尔曾获赐一块位于圣约翰河口的土地，面积大约四百五十平方英里。在父亲所建要塞的基础上，他进行了扩建，然后把总部搬到了那里，而圣路易斯堡的事务则交由父亲打理。圣约翰河口的新要塞具备由栅栏围成的、坚固的防御结构，占地一百八十平方英尺，内设四个棱堡。查理·拉图尔和妻儿、士兵、劳工及虔诚的红衣主教盟友们住在这里，生活虽然艰苦但却拥有绝对主权。天气晴朗的时候，从拉图尔的要塞向河对岸远眺，蓝色天空下面的罗亚尔港依稀可见。沙尔尼赛就驻扎在那里，他继承了伊萨克·德·拉泽里的大部分地产还有他的特许权。沙尔尼赛先是重建、加固了罗亚尔港的防御工事，接着把大部分拉海韦的移民都安置到河口处肥沃的低草地。他想通过皮货贸易赚钱，但河对岸竞争对手在圣约翰的位置使他们可以抢走内陆部落的生意，而对手的繁荣让他怀恨在心。

　　沙尔尼赛决定暗中破坏查理·拉图尔在朝廷上的影响力。起初，他没有成功，但在对手毫不知情的情况下，他不懈地使用了几年诡计，阴谋终于得逞。查理·拉图尔因一些莫须有的罪名被忘恩负义的法王路易十三召回国接受法庭的审判。路易十三授权沙尔尼赛，一旦查理·拉图尔抗命不遵，就使用武力，将他押回法国。查理·拉图尔得知消息后，震惊不已。他不仅要被免去总督一职，财产被没收，生计被剥夺，还要被当作阶下囚押回法国！他很快就决定好该如何应对了。他拒绝服从，所以要面对前来抓捕他的敌人。看到查理·拉图尔坚固的要塞和训练有素的士兵，沙尔尼赛害怕了，他撤回到罗亚尔港，然后寄出了拉图尔不服从命令的正式报告。现在，两个对头都为战斗做好了准备。沙尔尼赛是黎塞留的红人，他积极寻求来自巴黎的援助。查理·拉图尔唯一的支持者就是来自妻子故乡拉罗舍尔的胡格诺派商人。拉罗舍尔曾惨遭黎塞留魔爪的蹂躏。

1643年初春，沙尔尼赛做好攻打拉图尔堡的准备了。一天清晨，薄雾慢慢散去，拉图尔堡前的海面上，三艘战舰和几只小船悄悄前行，开进了海港。沙尔尼赛率领五百名士兵迅速登陆，然后猛攻拉图尔堡。

查理·拉图尔没有坐以待毙。沙尔尼赛率部猛攻拉图尔堡一个小时，仍然徒劳无功，他在困惑与愤怒中下达了撤退命令。接着，他严密地封锁了拉图尔堡和海港，希望饥饿能帮他实现武器没有达到的目的。但查理·拉图尔绝不会束手就擒。当盼望已久的拉罗舍尔船队带着补给和军需品小心翼翼地出现在海岸附近时，查理·拉图尔和妻子在夜色的掩护下划着小桨，悄悄地穿过封锁，登上友船，驶往波士顿求助。虽然他们得到了帮助，但精于世故的波士顿人也开价不菲。当沙尔尼赛还在幻想

第四章

着速胜时,查理·拉图尔已带领五艘战舰杀到了他的身后。沙尔尼赛吓得魂飞魄散,匆忙向罗亚尔港逃去。查理·拉图尔则穷追不舍,一直追到敌人的"大门口"。战斗本可以结束,俘虏沙尔尼赛,占领罗亚尔港。但此时,查理·拉图尔的盟友[①]却插了一手。这些节俭的清教徒们对丰厚的毛皮战利品很是满意,他们让拉图尔得饶人处且饶人,迫使他半途停手。

查理·拉图尔知道下一次战斗在所难免,所以他一边加强防御,一边派妻子回法国去寻求帮助。而沙尔尼赛也回法国了,他图谋以叛国的罪名抓捕拉图尔夫人。但拉图尔夫人比他聪明,安全地躲到了英格兰。一年之后,她历经千难万险回到了拉图尔堡,完成了部分使命。沙尔尼赛知道此事后,推迟了他的下一步行动。几个月后,查理·拉图尔被迫再去波士顿。敌人听说他出门的消息后,立刻赶了过来。孤堡中的哨兵看到沙尔尼赛的战舰在港口外转来转去,妄图查理·拉图尔回来时一举擒之。拉图尔堡里的补给虽已告急,但深受英勇无畏的领袖的鼓舞,留守士兵仍保持着良好的斗志。不久,队伍中发现了两个沙尔尼赛安排的间谍。他们本应该被吊死在城墙上,但善良的拉图尔夫人只是把他们赶了出去。

---

① 波士顿殖民点的英格兰人,他们是清教徒。——译者注

法王路易十三(1601—1643)。彼得·保罗·鲁宾斯
(Peter Paul Rubens, 1577—1640)绘

早期的波士顿。罗伯特·哈弗尔
(Robert Havell, 1793—1878)绘

二人匆忙跑到主子那里告密说，拉图尔堡里的食物和弹药告急，驻军已经无力抵挡。沙尔尼赛的战舰立刻开到拉图尔堡下，向堡内开火。但拉图尔夫人身先士卒，士兵们毫不退缩。沙尔尼赛遭到重创，一艘战舰被击沉，士兵溃败而逃。这场战事发生在2月。直到4月，沙尔尼赛才重新来攻。这次他的封锁更加严密，拉图尔堡得不到任何援助。查理·拉图尔只能在远处的海面上绝望地徘徊。

　　一个寂静的春夜，大结局上演了。拉图尔堡的哨兵听到了抛锚的咔哒声和小船入水的哗哗声。黎明时分，战斗开始了。在夜幕的掩护下，沙尔尼赛登陆了。他率队攻向拉图尔堡近陆的、防守较弱的一侧。虽然将士们都知道在劫难逃，但他们仍然勇气可嘉地抵抗着。就这样，从星期四到星期六，拉图尔夫人，这位英勇不屈的烈女子击退了敌人一次又一次的冲锋。最后，一名瑞士雇佣兵被沙尔尼赛用金钱收买，成了叛徒，他打开了拉图尔堡的大门。即便如此，进入拉图尔堡的沙尔尼赛也不是胜利者，他心中充满了恐惧，害怕再次被女人打败。他谎称非常钦佩拉图尔夫人的勇气，希望她能归降，并承诺会优待俘虏。拉图尔夫人希望拯救自己忠诚的追随者，于是就在投降协议上签了字。但沙尔尼赛接下来的举动让他的名字遗臭万年了。他控制拉图尔堡的目的已达到，就开始嘲弄这个他无法在公平战斗中征服的女人。他当着她的面撕毁了投降协议；勇敢的守兵被一个一个地带出去，吊挂在查理·拉图尔的院子里，而女主人只能眼睁睁地看着他们挣扎，内心悲痛万分。沙尔尼赛把她带回了罗亚尔港。看着丈夫被击败，家园被摧毁，忠心的战士被屠戮，阿卡迪亚的女英雄含恨而死（1645）。

第四节 沙尔尼赛暴毙与阿卡迪亚易主

接下来的几年，查理·拉图尔过着流亡的生活，而沙尔尼赛却在阿卡迪亚过得有声有色。在朝廷的支持下，他从皮货贸易中赚得盆满钵溢。他还与新英格兰交好。他唯一的眼中钉就是尼古拉·德罗在布莱顿岛的独立王国。尼古拉·德罗享有国王的特许权，经营海湾渔业，富甲一方。尼古拉·德罗和沙尔尼赛从小就是同学，后来成为同事，但在沙尔尼赛眼中，这种情分一文不值。他攻击了老朋友的城堡，夺取了他的物资，摧毁了他的大本营，迫使尼古拉·德罗逃往魁北克避难。沙尔尼赛终于可以为他取得的成就而骄傲了。在罗亚尔港，他经营着美丽而繁荣的殖民地，四周有肥沃的耕地；罗亚尔港生产的船只繁忙地穿梭于贸易地之间。在阿卡迪亚，如果不向他"进贡"，那么任何人都不能做鳕鱼或河狸皮生意。虽然他是一个强盗、一个诬告者、一个叛徒、一个刽子手,但没有任何记录表明他曾受过良心的谴责。也许他觉得,与矢志教化印第安人这样的大事相比,其他一切都可以忽略。他的未来似乎一片光明,但就在他向命运巅峰攀爬时,却坠入了罗亚尔港一条浑浊的小河里,一命呜呼了。

五年的流亡生活中,查理·拉图尔主要在新英格兰和圣劳伦斯河流域活动。尽管当时他已一文不名,但所到之地无不热情款待,这说明他的人品何其伟大。沙尔尼赛一死,查理·拉图尔立即赶回法国,痛斥沙尔尼赛对他的诽谤。于是,法王路易十四[①]恢复了他所有的权力,归还了他的庄园,并任命他为阿卡迪亚总督,恢复了他皮货贸易的特许权。于是,查理·拉图尔迅速积累起了财富。但在罗亚尔港,沙尔尼赛的遗孀和孩子成了他成功道路上的障碍,因为他们是沙尔尼赛财产的法定继承人。不过,查理·拉图尔很快就解决了这个问题,不是用武力而是用仪式。他娶了沙尔尼赛的遗孀,并承担起照顾他孩子的义务。

但命运也为查理·拉图尔准备了一个别样的惊喜。沙尔尼赛生前欠了拉罗舍尔一位富商埃马纽埃尔·博尔

[①] 1643年,法王路易十三驾崩。年仅六岁的王储登基,称"路易十四",一代雄主从此登上历史舞台。——译者注

第四章

涅一笔巨债。博尔涅来阿卡迪亚催债时，突然萌生了霸占这里的念头。他首先打败了在布莱顿岛重建渔业的德罗，然后又攻占了罗亚尔港。就在他谋划夺取拉图尔堡的时候，命运的万花筒翻转了一下，这回的惊喜是送给博尔涅的。

在激进的克伦威尔统治下，英格兰与荷兰之间战火不断[①]。克伦威尔组织了一支远征军前往哈得孙河口，欲夺取新阿姆斯特丹定居点。当舰队抵达有五百名殖民者居住的波士顿后，一条令人不快的消息传来了——英格兰和荷兰和解了。但这支强大的武装力量总得干一番事业吧，于是就把目光投向了阿卡迪亚这个待采的美味的果实。波士顿很快下了决定——英格兰舰队进攻拉图尔堡。

查理·拉图尔毫无准备，立即投降了。在马纽埃尔·博尔涅指挥下，罗亚尔港经过一番无意义的抵抗后，也投降了。至此，阿卡迪亚又落到英格兰人手中。一名英格兰总督被派来负责管理罗亚尔港，但是法国定居者的生活并未受到影响，他们仍然拥有自己的财产，享有信仰的、人身的自由。法国极为愤怒，拒不承认英格兰人对阿卡迪亚的占领，要求他们马上归还。但克伦威尔不予

---

① 指1652年到1654年的第一次英荷战争。——译者注

1643年的路易十四。克劳德·蒂耶特
(Claude Deruet, 1588—1660) 绘

哈得孙河口。小罗伯特·哈弗尔（Robert Havell Jr., 1793—1878）绘

新阿姆斯特丹。西德尼·劳顿·史密斯
(Sidney Lawton Smith, 1845—1929) 绘

第四章

理会，因为他知道新世界问题的本质所在。

看样子，这次查理·拉图尔又要倒霉了。但他就像尤利西斯[①]一样，智勇双全。他即刻去了英格兰，向铁腕护国公有理有节地表明了自己的诉求，恳求他归还查理一世赋予自己和父亲的权利。克伦威尔是个惜才之人，就把属于他的那份还给他了。另外，克伦威尔还将一大片土地（从半岛一直延伸至大陆现在的缅因州）划给了由查理·拉图尔、托马斯·坦普尔[②]上校和心怀抱负的威廉·克劳[③]牧师三人组成的公司。这家公司拥有强大的贸易垄断权。克伦威尔曾经的手下托马斯·坦普尔任总督。此时，经历多次人生起伏的查理·拉图尔，已经预见到法国和英格兰之间以后还会发生大麻烦，就索性把自己所有的地产卖给了两个伙伴，过起了逍遥自在的生活。托马斯·坦普尔斥巨资开发殖民地，但克伦威尔死后，斯图亚特王朝复辟（1660）了，他陷入了极其尴尬的境地。为了维护自己的利益，他匆忙赶回英格兰。

[①] 罗马神话中的人物，希腊神话中称"奥德修斯"（Odysseus），伊塔卡岛之主，英勇善战，足智多谋，屡建奇功。在特洛伊战争中，奥德修斯献木马计，最终攻破特洛伊城。——译者注
[②] 托马斯·坦普尔（Thomas Temple，约1613—1674），1657年到1670年任阿卡迪亚和新斯科舍总督。1662年，英王查理二世封他为新斯科舍男爵。晚年，他回到伦敦。死后，他的外甥波士顿的约翰·纳尔逊（John Nelson）继承了他的大批遗产。——译者注
[③] 威廉·克劳是新斯科舍剧作家约翰·克劳的父亲。——原注

凭借机智和才识,他赢得了查理二世的青睐。他带着王室对他权益的肯定,重返阿卡迪亚。几年来一切如意,直到英法之间爆发了战争①。这是一场让所有英格兰人蒙羞的战争。1667年,《布雷达和约》②签署后,英格兰将阿卡迪亚还给法国,只换回西印度群岛一个产糖的小岛,而查理二世根本没有觉察到命运对他的谴责。

---

① 指第二次英荷战争中法国与英格兰开战。——译者注
② 第二次英荷战争中,荷兰奇袭伦敦,大败英格兰。随着瘟疫和大火迭创伦敦,英格兰无力再战。1667年7月31日,英荷两国签订了《布雷达和约》。第二次英荷海战随之落下帷幕。——译者注

第五章 CHAPTER

第一节 耶稣会的成就

当阿卡迪亚被命运玩弄于股掌之中时,圣劳伦斯河谷悄然发生了变化。黎塞留的百联公司已经开始大展身手,魁北克也在缓慢发展。其间,耶稣会教士成为主角。他们在五大湖地区休伦人那里的传教,在历史上留下了浓墨重彩的一笔。雷哥列派教士撤走后,耶稣会在魁北克一枝独秀。萨缪尔·德·尚普兰去世几个月后,德·蒙马尼出任新法兰西督军,他是耶稣会的坚决拥护者。教会和国家似乎不可分割,因此,魁北克的生活变为修道院模式,要严格做礼拜,缺席就严惩。人们的生活就像波士顿的清教徒一样简朴。

从那时起,《耶稣会纪事》(Jesuit Narrations)就成了加拿大早期的史籍,记载了许多感人的人物和事迹。

保罗·勒热纳神父①对魁北克深情的描述传到法国国内后，大大激发了人们的热情。于是，魁北克的主要大学和医院建立起来了。1636年，加马什侯爵捐资建了一所耶稣会学院。贵族诺埃尔·德·希勒里②为印第安皈依者建了一处居所。为了纪念他的义举，该居所现在以他的名字命名。戴吉永女公爵③捐资修建了上帝医院（Hotel Dieu），由三位迪耶普收养院的修女照顾入院者。殖民地的精神领袖呼吁建立一所教育年轻女孩的神学院。年轻富有的寡妇德·拉·佩尔奇夫人④带着所有的财富，怀着满腔的热情来到加拿大，建了一所神学院。

虽然耶稣会的传教遍及各处，教士们在条件艰苦的东北地区，忍受着饥饿、寒冷和污秽，与蒙塔格奈人及其他部落生活在一起，但他们传教最成功的地区是休伦区。休伦人是他们在加拿大遇到的最与时俱进的原住民。

---

① 保罗·勒热纳（Paul Le Jeune，1591—1664），著名的耶稣会传教士。他前往法属北美殖民地教化印第安人。1634年初，在魁北克，他教非洲黑奴的孩子识字。——译者注
② 埃尔·德·希勒里（Noel de Silleri，1577—1640），法国外交家。1614年，他担任驻西班牙大使。1624年，他回到巴黎，过着奢华的生活。1632年，他斥资一万两千英镑，在加拿大兴建殖民点。后来，该殖民点发展成为以他的名字命名的希勒里城（Sillery）。——译者注
③ 戴吉永女公爵（Duchesse d'Aiguillon，1604—1675），法国贵族，首相黎塞留的侄女。她热情支持慈善事业的发展，资助了许多艺术家和数学家。她为新法兰西的移民修建了上帝客栈。——译者注
④ 德·拉·佩尔奇（de la Peltrie，1603—1671），魁北克乌尔苏拉会（从事女童教育的天主教修女会）的发起人之一。——译者注

戴吉永女公爵。绘者信息不详

虽然布莱伯夫神父第一次尝试去休伦部落没有成功，但什么也阻止不了他宣教的热情。最终，在丹尼尔神父、达乌神父的支持下，他的目标实现了。他们在乔治亚湾靠近潘尼唐古辛的索纳提亚建了一个布道所。尽管他们的生活条件不如生活在蒙塔格奈人那里的同伴艰苦，但他们的处境却危险得多。休伦人中有一个强大的派系非常讨厌他们，认为休伦人所有的不幸皆因他们而起。他们坚持自己古老的信仰，觉得神父们所行的圣仪是邪恶的妖术。这个派系的首领既是部落中最聪明的人，也是最厉害的巫医。他们称传教士为"黑袍人"，视传教士为挑战他们权威的人。每当孩子洗礼后生病，或狩猎一无所获，或作物遭了霜冻，他们就对传教士更不满、更忿恨了。这种情况一旦出现，传教士每时每刻都会有生命危险。此外，他们还因魁北克的丑闻受到牵连，因为索纳提亚的地理位置有利于皮货贸易，所以他们被怀疑在从事非法交易。然而，神父们还是凭着耐心，靠着勇气，无微不至地照顾病人，逐渐赢得了整个部落的信赖。于是，敌人变成了朋友。后来，一些传教士陆续来到布道所。整个休伦部慢慢地都皈依基督教了。在注入曼奇达什湾的一条小河边上，传教士们建了一个中央布道站，叫"圣玛丽"。其他站点还有圣路易斯、圣伊尼斯、圣珍妮、圣米歇尔、圣约瑟夫等，分散在索纳提亚和现在

第五章

的西姆科湖之间的村落里。在易洛魁人战斧前瑟瑟发抖的、休伦部以南和以东的阿尔冈昆人，及其他部落的残兵败将也都逃到了这里。神父的权威至高无上，对印第安人的照顾无微不至，但休伦勇士变得越来越懒，渐渐忘记了潜伏在大河南岸的威胁。

易洛魁人又一次进犯圣劳伦斯河下游地区。他们忘记了对法国人火枪的恐惧，他们轻蔑地越过了魁北克和三河城墙。1641年夏，一支易洛魁大军逼近了三河城的据点。数月前，他们俘虏了两名法国人，其中一个是翻译官弗朗索瓦·马格里。易洛魁人让弗朗索瓦·马格里举着停战旗到三河城据点，要挟那里的指挥官接受他们的无理要求，即法国人不能对抗他们，并且把阿尔冈昆人交给他们发落。当今的马尔库斯·阿蒂利乌斯·雷古鲁斯[①]——弗朗索瓦·马格里建议他的人民拒绝接受易洛魁人的无理要求。为了遵守承诺，为了救出被俘的同伴，马格里毅然返回易洛魁人那里，等待命运的发落。

[①] 马尔库斯·阿蒂利乌斯·雷古鲁斯（Marcus Atilius Regulus，约前307—前250），古罗马军事家。第一次布匿战争时期，马尔库斯·阿蒂利乌斯·雷古鲁斯及五百名罗马士兵被迦太基的雇佣兵将军克桑提普斯俘虏。前250年，在一次惨败后，迦太基人释放了马尔库斯·阿蒂利乌斯·雷古鲁斯，企图通过他与罗马人议和并交换俘虏。但马尔库斯·阿蒂利乌斯·雷古鲁斯回到罗马后却在元老院发表演说，指出绝不能与迦太基人议和，并自愿返回迦太基，后来被酷刑处死。弗朗索瓦·马格里的所作所为可与马尔库斯·阿蒂利乌斯·雷古鲁斯的壮举相媲美。因此，作者引用了马尔库斯·阿蒂利乌斯·雷古鲁斯的典故。——原注

在谈判过程中，新法兰西督军带着一支军队从魁北克过来了，易洛魁人见处于劣势，便接受了一笔赎金，然后放了两个俘虏。即使面对厄运也勇敢履行自己职责的翻译得救了，同时法国的荣誉也挽回了；而易洛魁人在胡乱吼叫一通后，灰溜溜地撤走了。

第二节 蒙特利尔的建立

宗教传播在加拿大如火如荼地进行着，虔诚的法国人沸腾了。于是，蒙特利尔城应运而生。在无数人默默的奉献中，了不起的蒙特利尔城拔地而起，后来竟发展成加拿大的商业大都市。蒙特利尔城的创始人的初衷是建立一个反异教徒的前哨。但这里注定日后成为加拿大贸易浪潮开始的地方。这一点，萨缪尔·德·尚普兰早在1611年便预见到了。

蒙特利尔定居点的形成过程如下。法国国内的一些虔诚的教徒（主要是稣尔比斯会的神父奥列尔和杜弗西）满腔热情地要在加拿大建立一所大学、一家医院和一所神学院。他们经过多次谈判，从百联公司的一个股东那里购得蒙特利尔岛，蒙特利尔圣母会随之成立。他们决定先推后建神学院和大学的计划，集中精力搞好医院建设。"玛丽亚"（Ville-Marie）——意思是"圣洁的大家

第五章

庭"是为拟建的城取的名字。在玛丽亚城的总督人选上，圣母会的决定是明智的——由英勇的保罗·梅宗纳夫[①]担任总督，因为无论朝野，他都能应对自如。年轻的珍妮·曼斯[②]小姐负责监督医院的建设。一位富有的寡妇安热莉克·布里昂[③]夫人对他们的计划很感兴趣，于是提供了建设医院的资金。

1641年，保罗·梅宗纳夫带着五十多人和三艘船从拉罗舍尔出发，前往新城玛丽亚。当他们抵达魁北克时，行事谨慎的德·蒙马尼总督试图劝他们改变想法。他认为，易洛魁人严重威胁着加拿大，所以不应该再分散本就薄弱的力量。他发现，保护近在咫尺的哨站已经很困难了。他希望新的殖民点不要设在荒野深处，而是设在新奥尔良岛，这样就可与海峡对岸的魁北克联手对付外敌了。但玛丽亚城的殖民计划已箭在弦上，不得不发了。梅宗纳夫发誓说，即便岛上的每棵树都是一个易洛魁人，他也要到蒙特利尔去。同年秋天（1641年10月14日），玛丽亚城的选址正式确定。不过，现在动工为时已晚，

[①] 保罗·梅宗纳夫（Paul Maisonneuve, 1612—1676），法国军官，新法兰西蒙特利尔殖民点的建立者之一。——译者注
[②] 珍妮·曼斯（Jeanne Mance, 1606—1673），蒙特利尔殖民点的建设者之一。她两次回到法国筹集资金，推动建设了蒙特利尔第一所医院。——译者注
[③] 安热莉克·布里昂（Angélique Bullion, 1593—1664），蒙特利尔建立过程中的重要赞助者之一。——译者注

保罗·梅宗纳夫。欧季亚·莱杜克
(Ozias Leduc,1864—1955)绘

安热莉克·布里昂。绘者信息不详

于是探险队就在魁北克过冬了。

春天一到,建设者们便热火朝天地工作起来。德·蒙马尼总督一直支持着这些无畏的、充满激情的建设者们。建设步入正轨后,他就把这块充满奉献和荣耀之地的管理权交给了保罗·梅宗纳夫。玛丽亚城四周很快就用栅栏围起来了,配上了用于防御的小炮。安热莉克·布里昂夫人出资兴建的医院位于城外,由巨大的石头砌成,本身就是一个小型要塞。医院经受住了易洛魁人多次攻击和岁月的长期侵蚀,几年前因贸易需要才被拆除。

新生的殖民地度过了一段风平浪静的日子,因为易洛魁人还不知道它的存在。但第二年,一个阿尔冈昆人为了躲避易洛魁人的追杀,藏到了城墙外的栅栏内。玛丽亚城便暴露在死敌的眼前。易洛魁人对法国人如此大胆的举动特别愤怒,因为他们的大名早已威慑方圆几百英里。他们有一条原则,无论法国人还是其他部落的印第安人,都不准靠近他们的边界。从此,法国人开始结队在玛丽亚城周围的树林里巡逻,而且只有在全副武装的情况下,他们才敢冒险外出。栅栏显得不堪一击,于是法国人筑起了铜墙铁壁。这时,玛丽亚城就像一所监狱:农牧业一律停止;到树林里砍柴变成了军事行动。1644年初春,易洛魁人发起攻击,扬言要铲除定居点,把白人女孩(修女)掳到他们的草屋做苦力。经头脑发

第五章

热的部下一再劝说，保罗·梅宗纳夫出城迎敌。在初春的阳光照射下，厚厚的积雪一踩即化。一开始，连个敌人的影子他们都看不到，但就在勇士们准备穿越树林时，保罗·梅宗纳夫说过的话应验了，每棵树都变成了一个易洛魁人。法国人吓得乱作一团。由于不习惯丛林战，他们完全暴露在敌人面前。眼见明显处于劣势，保罗·梅宗纳夫被迫带着伤员后撤。兴奋的易洛魁人像猎狗一样追着他们，但又不敢正面与他们交手。保罗·梅宗纳夫握着冒烟的手枪掩护其他人撤退，他打算最后进城。就在他极不情愿地退到城门口时，易洛魁人一个高大的首领突然向他扑来。不过，身经百战的保罗·梅宗纳夫比他快了一步。敌人倒在雪地上咽了气，而玛丽亚城的建设者安全回了城。

易洛魁人每次入侵，都沿黎塞留河而来。于是，人们就称黎塞留河为"易洛魁道"。易洛魁人把加拿大一分为二，他们埋伏在圣彼得湖一带，打劫过往的皮货商，威胁着黎塞留河两边的魁北克和蒙特利尔。为了消除他们的威胁，1642年，德·蒙马尼总督在黎塞留河口建立了一座要塞。易洛魁人视其为眼中钉肉中刺，立刻对其发动了攻击，但被击退了。他们撤退时，掳走了耶稣会的艾萨克·若格①神父，对他施以百般折磨。也就是通过艾萨克·若格神父，加拿大和纽约（当时的新荷兰）第一次联络了。一次，易洛魁人带着艾萨克·若格神父前往荷兰人定居点艾尔巴尼贸易。当时艾尔巴尼总督是安东尼·冯·考拉尔（之后，纽约总督都被印第安人称为"考拉尔"）。安东尼·冯·考拉尔帮助坚贞不屈的艾萨克·若格教父摆脱魔爪，然后送他回了法国。艾萨克·若格神父的经历震惊了巴黎，但短暂停留后，他毅然返回加拿大——那个他刚逃离的地方。事实证明，他的热情没有白费。

第三节 休伦传道会的覆灭

在易洛魁人威胁魁北克，攻击玛丽亚城时，休伦传道区的事业却顺风顺水，这营造出一种安全的假象。1648年夏初，一队休伦勇士带着冬天狩猎所得皮毛，从圣约瑟夫布道所出发前往渥太华和圣劳伦斯。走到三河城，他们遭到易洛魁人的袭击，但击败了对方。与此同时，另一支易洛魁人突然袭击了毫无防备的休伦村庄。

---

① 艾萨克·若格（Isaac Jogues，1607—1646），一位在易洛魁人、休伦人和其他印第安部落传教的神父。1646年，他在莫霍克人的一个村落传道时遇害。——译者注

第五章

当时，人们正在小礼拜堂做礼拜。易洛魁人冲破栅栏，将斧头砍向手无寸铁的孩子和老人。执勤的神父丹尼尔坚强无畏，他组织大家抵抗，让大家不要恐慌。然而，抵抗刚一开始，他就中箭倒地了。除几个村民逃到树林里外，其他七百名村民被俘。日落时分，圣约瑟夫布道所已是一片灰烬。

次年春，易洛魁人在休伦地区上演了疯狂的血腥的大屠杀。易洛魁人首领下令对休伦人斩尽杀绝。一支一千二百人的队伍杀进了休伦地区。他们首先袭击了圣伊尼亚斯。大部分居民在睡梦中被击碎了脑壳，少数几个活口遭到他们百般折磨。还有十三个村子要么被他们武力攻占，要么被恐惧的村民遗弃，最后都被付之一炬。黎明时分，圣路易斯也被攻陷了，虔诚的传教士布莱伯夫和拉勒芒沦为阶下囚。易洛魁人被他们不屈的精神激怒了，用尽所有残忍的手段折磨他们。布莱伯夫被剥了头皮。当易洛魁人将滚烫的水浇在他头上说是给他洗礼时，他没有一丝胆怯。历经百般折磨后，两位传教士最终被活活烧死在木桩上。

现在，易洛魁人距中央布道站圣玛丽堡只有几英里了。一群绝望的休伦士兵已将生命置之度外，他们犹如古代的勇士附体一般顽强抵抗了一整天。圣玛丽堡的小炮对易洛魁人有一定威慑力，所以他们不敢贸然进攻。

休伦人的殊死抵抗也吓坏了他们。他们以为休伦部落的所有人都聚集到这里来复仇了。于是，易洛魁人决定马上撤退，他们在俘房中留了一些壮丁搬运辎重，剩余的全部放火烧死。虽然圣玛丽布道站在战火中幸免，但它已经没有存在的必要了。曾经美丽富饶、人丁兴旺的休伦地区荒芜了。幸存的休伦人带着恐惧纷纷向西北逃去，还有几百人来到乔治亚湾群岛上避难。圣玛丽布道所也搬到了其中的一个小岛上。然而，不久，易洛魁人就追来了。敌人的骚扰加上随后的饥荒，让流离失所的人们痛苦不堪。最后，他们决定放弃大湖地区，在心灰意冷的传教士带领下，逃向魁北克。在索雷尔堡大炮的保护下，这个伟大民族的幸存者在经历了一段提心吊胆的逃亡生涯后，终于找到了安身之处。在耶稣会历史上，休伦传道会留下诸多光辉事迹，其中不朽的贡献之一就是发现苏必利尔湖。在这之前，勇敢的翻译让·尼古拉特还发现了密歇根湖。

第四节　新法兰西与新英格兰缔约不成
　　　　　耶稣会传教士教化易洛魁人无果

当易洛魁人不断蹂躏加拿大时，新英格兰殖民地的发展呈现出欣欣向荣的景象。大约在新法兰西建立玛丽

第五章

亚城时，新英格兰殖民地已经成立了"新英格兰联合殖民地"，从而加强共同防御。之后，新英格兰把目光转向了圣劳伦斯河流域，向新法兰西督军代勒布斯[①]（1648年，他接替了德·蒙马尼）提议缔结永久友好往来、互通商贸的协定。代勒布斯欣然接受了这个提议，并派神父德吕耶前往波士顿谈判。当时，加拿大的休伦人和虔诚的传教士正惨遭屠戮，因此，加拿大向新英格兰提出一个条件——新英格兰要和加拿大联手剿灭易洛魁人。新英格兰人不愿接受这个条件，他们与易洛魁人没有矛盾，也不想招惹是非。最后，德吕耶外交带来的不是和平而是战争，因为激起了易洛魁人更大的仇恨。与此同时，这位聪明的神父却争取到实力雄厚的阿布纳基人[②]的支持，阿布纳基人宣誓效忠法国人，并给清教徒的殖民[③]地制造了极大的麻烦。

接下来的几年，法国人几乎被困在了魁北克、三河城以及蒙特利尔。印第安战斧的阴影笼罩了孤零零的殖民地周围的丛林，尚普兰湖边的小木屋里悬挂着许多法国人的头皮。对加拿大来说，这些年的日子真是无尽的

[①] 代勒布斯（d'Ailleboust，约1612—1660），法国贵族，1648年到1651年任新法兰西督军，1657年到1658年任新法兰西代督军。——译者注
[②] 阿布纳基人是活动在加拿大滨海诸省、魁北克以及新英格兰的印第安部落。易洛魁联盟尤其是其中的莫哈克人是他们的死敌。——译者注
[③] 指新英格兰殖民地。——译者注

煎熬。后来，1653年到1654年，易洛魁人将他们的愤怒转向了五大湖以南的部落，对法国人的敌意一度减少了。他们的头等大事变成了消灭强大的伊利部落。他们坚持一贯的作战思想，即斩尽杀绝，但杀人一千自损八百。奥内达加的易洛魁人口急剧减少。为了增加人丁，他们甚至想收留残余的休伦人。休伦人感到左右为难，不知如何是好。他们不愿意背弃法国人，但又不敢拒绝恐怖的易洛魁人。于是，他们征求了督军的意见，督军建议他们可以加入，但要让对方答应在居住地建立耶稣会布道所。奥内达加接受了这一条件。

耶稣会传教士早就渴望深入易洛魁部落，希望借此将加拿大从苦难中解救出来。几次谈判后，穆瓦纳神父探访了奥内达加。最后，一支队伍被派往奥内达加修建布道所。队伍中除了被收留的休伦人外，还有肖蒙[①]神父和达布隆[②]神父，以及由勇敢的军官杜普伊带领的近五十位法国人。这是一次近乎疯狂的举动，但得到了时

[①] 肖蒙（Chaumonat，1611—1693），1639年5月4日，他离开法国，7月31日到达新法兰西，开始了半个多世纪的、主要面向休伦人的传教生涯。他学习怀明特人的语言，很受休伦人欢迎。1691年退休；1692年逝于魁北克。——译者注
[②] 达布隆（Dablon，1618—1697），耶稣会传教士。1618年，他生于法国迪耶普，与肖蒙是同乡。1655年，他抵达加拿大，开始了对当地土著居民的传教生涯。——译者注

第五章

任新法兰西督军德·劳松①的支持。这支队伍激起了莫哈克人的愤怒。远征队伍离开魁北克不久,莫哈克人袭击了他们。然而,莫哈克人被打败了,不得不向愤怒的奥内达加人拼命道歉,找借口推脱责任。为了表明他们只是针对宿敌休伦人,他们登上了奥尔良岛,把在田野里劳动的所有休伦人非杀即虏。在众目睽睽之下,他们带着俘虏,高唱着胜利之歌,经过魁北克城墙。他们这是在向法国人挑衅,料定法国不敢出城营救。面对奇耻大辱,德·劳松忍气吞声,法国人的威望从此一落千丈。

来自奥内达加的威胁消除了,法国人获得了一段时间的安宁。之后,他们发现处境越来越危险了。身处凶残善变的易洛魁人中间,那几个法国人心里明镜似的,有上千把刀架在他们头顶上,准备扒他们的头皮。不久,他们就获悉易洛魁人要对他们下手了。易洛魁五大部落打算联合起来,将所有法国人从圣劳伦斯河流域赶走。这时,能力超群的杜普伊勇敢地站了出来,施了个妙计,帮助同胞从魔窟里逃了出去;在那段扣人心弦的日子里,这是法国人最引以为傲的事情。他们在要塞里秘密地造了几艘轻便的平底船。一天,他们设宴,盛情款待所有

---

① 德·劳松(de Lauson,1584—1666),1651年到1657年任新法兰西督军,适逢法属北美殖民地危如累卵。1653年,他与莫哈克人签订和约。接下来几年,易洛魁人停止进攻法国殖民者。——译者注

125

休伦人。爱德华·查特菲尔特（Edward Chatfield，1802—1839）绘

的奥内达加人。法国人慷慨热情地劝酒。宴会还没结束，客人们就醉醺醺地睡了过去。东方出现了鱼肚白，法国人抬着小船偷偷溜了出去。现在是3月，水面上的冰已经很薄。在奥斯韦戈河上，小船能轻易地破冰前行。但敌人脆弱的树皮小舟却无法前行。虽然在这个季节乘平底小船从奥斯韦戈河，经圣劳伦斯河，到魁北克是非常危险的，但他们还是安全抵达了。在莫哈克人中间提心吊胆传教的穆瓦纳教父，绝望地回到了魁北克。易洛魁人将和平相处的约定丢在了风里，又像饿狼一样开始在殖民地觅食了。

第五节 拉瓦尔和多拉尔

虽然玛丽亚城受到蒙特利尔圣母的支持，但却并没有蓬勃发展。1658年，圣母会就把玛丽亚城交给实力雄厚、资金充足的圣稣尔比斯神学院管理。精力充沛的奎卢斯[①]神父被派往玛丽亚城，他在那里创办了一所向往已久的神学院。后来，有人提议将加拿大建成一个主教辖区。毫无疑问，人们希望奎卢斯神父能承担起这个光荣使命。然而，因为耶稣会不看好这位独立还有点儿

---

① 奎卢斯（Queylus，1612—1677），法国稣尔比斯会神父，新法兰西发展过程中里程碑式人物。——译者注

崇尚自由的神父，所以人们没能如愿。耶稣会在加拿大做出了辉煌业绩，有权使自己的愿望获得尊重，因此提名某位牧师到一个具有挑战性的岗位任职时总能如愿以偿。但魁北克却没有成为主教辖区。经过长时间的争论，弗朗索瓦·德·拉瓦尔[①]（即蒙蒂尼神父）被奉为珀特赖亚主教，并代表教皇主管加拿大教会。他是彻底的禁欲主义者，虽然能全身心投入工作，但眼光短浅，态度跋扈。

易洛魁人变得越来越胆大包天。他们公然跑到魁北克城下屠杀无辜，剥下死者的头皮，然后向法国人表示他们的蔑视。乌尔苏拉会和救济院的修女发现他们用石头砌筑的修道院已不够坚固，便纷纷逃进了魁北克城。不幸的加拿大笼罩在一片阴霾之中。那些对美好日子已不抱希望的人返回法国了，而留下来的法国人中又爆发了恶性黄热病。病痛缠身的人们看到天空中的异彩，那是不祥的征兆——燃烧的独木舟上，人们在与巨蟒格斗；他们耳朵里充斥着尖叫和哀歌。阅读当时的一些记载，我们发现，长期的痛苦已使人们出现幻觉。新法兰西督

[①] 弗朗索瓦·德·拉瓦尔（François de Laval, 1623—1708），魁北克第一位天主教主教，由罗马教皇亚历山大七世任命。当时，他年仅三十六岁。1708年他病逝后，其身入殓后存放在大教堂里，其心脏存放在神学院的小礼拜堂里。——译者注

弗朗索瓦·德·拉瓦尔。克劳德·弗朗索瓦（Claude François，1614—1685）绘

军阿尔让松①不忍再看到发生任何不幸，但他无力解除人们的痛苦，于是递交了辞呈。

这个时期虽然黑暗，但时而会有一些辉煌的插曲。加拿大历史上有一位英雄就在这一时期为世人所知，他就是多拉克·德索莫②，人们常称他为"多拉尔"。这位年轻贵族在法国名声不好，于是就来到蒙特利尔，希望找到机会洗雪耻辱。这时，有消息传来——一支易洛魁大军正从渥太华河而来，声称踏平玛丽亚城。多拉尔带领十六位勇士，誓要阻击易洛魁人，重拾法国人的尊严。他们庄严宣誓，勇敢面对"温泉关之战"③的命运。这次新的温泉关之战与历史上的温泉关之战一样永垂不朽，永载史册。多拉尔和几个休伦、阿尔冈昆盟友一起，溯渥太华河而上，在朗索尔特的一处破烂栅栏后埋伏下来。七百多名易洛魁人高喊着向他们扑来，但很快就被击退了。看到如此恐怖的阵势，多数同来的印第安人弃

---

① 阿尔让松（Argenson，1625—1709），出生于都兰贵族世家，1658年到1661年任新法兰西督军。——译者注
② 多拉克·德索莫（Daulac des Ormeaux，1635—1660），是新法兰西历史上耀眼的"明星"。1658年，他来到加拿大，担任玛丽亚要塞指挥官。1660年春，他率军前往渥太华河迎击易洛魁人，后阵亡。他被新法兰西视为"救世主"。——译者注
③ 温泉关之战是第二次希波战争中的著名战役。希腊三百勇士依托易守难攻的地形，重创波斯帝国大军。因为寡不敌众，所以希腊勇士全部阵亡。作者在这里引用这个典故，暗指多拉尔和他的十六位勇士已经做好重创易洛魁人后杀身成仁的准备了。——译者注

多拉尔而去了。只有一名阿尔冈昆酋长和六七个善战的休伦人留了下来，他们是具有传统英雄主义的勇士。他们一连激战三天，口渴难耐，嗓子冒烟，却没有水喝；饿到近乎昏厥，却没有时间吃东西；来不及休息，因为敌人不给他们机会。但这些英雄们仍然牢牢地守着阵地，在他们面前，易洛魁人的尸体已经堆积如山。栅栏后不再是庇护所了，除五个人外，其他勇士都战死了。受伤的勇士阻挡敌人多次进攻后，其中四个战死，还有一个受尽敌人折磨而死。易洛魁人被狠狠教训了一顿，无力前进，只好返回，蒙特利尔从而获得了喘息之机。

第六节　魁北克领导权之争
　　　　　遭遇特大地震

英勇抗击易洛魁人一年后，皮埃尔·杜布瓦·达沃古尔①来到加拿大，成为新督军。虽然达沃古尔精力充沛，但他的脾气暴躁、执拗。弗朗索瓦·德·拉瓦尔和他都喜欢独断专行，很快他们就吵了起来。弗朗索瓦·德·拉瓦尔宣称，他代表教会至高无上的权力，所以凡事都先由他决断和处理。皮埃尔·杜布瓦·达沃古尔无法容忍

---

① 皮埃尔·杜布瓦·达沃古尔（Pierre Dubois Davaugour，约 1620—1664），法国军人，1661 年到 1663 年任新法兰西督军。——译者注

多拉尔和几个休伦、阿尔冈昆盟友一起在朗索尔特的一处破烂栅栏后与易洛魁人激战。绘者信息不详

他的狂妄自大。最后，在白酒交易问题上，两人公开反目。几年来，给印第安人带去灾难的白酒交易虽然受到严格限制，但私下仍在进行。弗朗索瓦·德·拉瓦尔意识到白酒交易的罪恶，决心终止。在他的授意下，一项法律——所有向印第安人售卖白兰地的人都要被判处死刑——通过了。和萨缪尔·德·尚普兰时代一样，干涉白酒交易引起了商人的愤怒，因为用同等价值的白兰地可以换到更多的皮货。两名男子触犯此法，严格执法的弗朗索瓦·德·拉瓦尔枪决了他们。后来，一名女子触犯此法，也将被枪决。但耶稣会一直要求赦免她。最后，弗朗索瓦·德·拉瓦尔失去了耐心，就赦免了这个女人，同时发誓再也不会惩罚触犯该法令的人。于是，殖民地马上混乱起来，白兰地交易死灰复燃。人们觉得终于可以摆脱教会的严密监督，纷纷嘲笑愤怒的主教[①]。魁北克随之分为两个阵营。弗朗索瓦·德·拉瓦尔失去了影响力，回法国向法王路易十四抱怨去了。

也就是这个时候，皮埃尔·布歇[②]奉命回法国（1661年10月）向法王路易十四汇报殖民地的惨况，希望得到路易十四的帮助。1662年，他给巴普蒂斯特·科尔伯

[①] 指弗朗索瓦·德·拉瓦尔。——译者注
[②] 皮埃尔·布歇（Pierre Boucher，1622—1717），法国军官。1634年，他随父亲加斯帕尔·布歇移民到新法兰西。十八岁时，他为耶稣会工作。他精通易洛魁语和休伦语。1661年，法王路易十四封他为贵族。——译者注

特①写信，描述了加拿大的资源、人口和需求。在加拿大的所有法国人共有两千多一点，其中三分之一居住在魁北克。加拿大气候宜人，物产丰富，人们可以在殖民地积累财富，然后再回法国消费。不过，皮埃尔·布歇认为殖民地需要一支训练有素的部队来制服易洛魁人。这封信很管用，法国人开始认真对待加拿大事务了。调查发现，百联公司只想从皮货贸易中获取利润，根本不履行特许权所规定的义务，严重失责。因此，一道皇家法令撤销了它的特许权（1663）。迪蒙先生奉命前往加拿大调查相关事务，同去的还有一百名士兵和两百多名移民。

就在撤销百联公司特许权的那一年，加拿大经历了一连串的地震。地震是从2月开始的，震中位于圣劳伦斯以北的劳伦泰德山区，而地震最频繁、受破坏最严重的地方是沙格奈地区，地震的影响一直向南波及新英格兰。当时，河中三四英尺厚的冰全被震成了碎片。泰道沙克的地上落了一英寸厚的火山灰。魁北克城前面的河流上空，弥漫着腾起的蒸汽与烟雾。灼热的空气融化了冬雪。大地发出可怕的声音，一会儿像砰砰的大炮声，

---

① 巴普蒂斯特·科尔伯特（Baptiste Colbert，1619—1683），法国政治家。1665年到1683年，他担任法国财政大臣。他创新贸易制度，促进了法属殖民地的繁荣。——译者注

巴普蒂斯特·科尔伯特。菲利普·德·尚普兰绘

一会儿像火枪子弹的噼啪声,一会儿像巨浪的咆哮声。地面塌陷,钟声叮当乱响,烟囱纷纷歪倒,墙体开裂,流星一样的东西划过天空。在圣莫里斯山谷,三河城上方的山体滑入河道,改变了河水的方向。从图尔门特角到泰道沙克的圣劳伦斯海岸发生了巨变。圣保罗湾附近名为莱塞布勒芒的地方,一个长约一英里的高岬冒出水面,形成了一个小岛。人们深陷迷信的恐惧之中。整个夏天,毒气不断从地下排出。一直到秋天,愤怒的大地才恢复了平静。

第六章

第一节 治权议会与土地所有权

这时,加拿大是由法王直接统治的皇家省。法王将权力授予三方委员会,即治权议会(Sovereign Council)。一位皇家委员向法王的宣誓效忠后,负责制定司法和行政规章。随皇家委员一起前往加拿大的还有一百户移民、新督军德梅西[①]和主教弗朗索瓦·德·拉瓦尔。治权议会由督军、主教[②]和地方行政长官组成。地方行政长官有权通过任命四名政务委员、一名首席书记员和一名督察长来增加治权议会的人数。候补政务委

[①] 德梅西(de Mésy, 1598—1665),1663年奉法王路易十四之命治理新法兰西。任期内他与主教拉瓦尔的关系非常紧张。1665年,他逝于魁北克。——译者注
[②] 1674年,魁北克成为主教管辖区,拉瓦尔担任主教。——原注

员的数量后来增加到十二人。皇家委员返回法国时，地方行政长官到魁北克上任。第一位地方行政长官是爱国者塔隆①。

督军代表法王掌管所有军务，有权决定是否发动战争。主教在教会的事务上拥有至高无上的权力。地方行政长官虽然级别低于其他两位，但在某些方面却享有更大的权力，承担更多的责任。作为治权议会主席，他拥有决定性的投票权；他直接管理民政，如治安、贸易和司法行政等。治权议会是殖民地的最高法院，魁北克、三河城和蒙特利尔分别设有下级法院。

加拿大的土地性质属于封建土地所有制，即国王是土地的所有者，寻租土地必须服兵役而非付租金。依据效忠国王的原则，军官、贵族或者像稣尔比斯会神学院这样的组织往往获得大庄园这样的封地。庄园的领主们每年都要到魁北克参加隆重的仪式，向代表国王的督军宣誓效忠。在自己的领地范围内，领主的权力很大，可以自行审判除谋杀与叛国之外的所有罪行。庄园主将他

---

① 塔隆（Talon，1626—1694），财政大臣科尔伯特保荐的、法王路易十四任命的法属北美殖民地行政长官。第一次是1665年到1668年；第二次是1670年到1672年。他负责加拿大、阿卡迪亚和纽芬兰的司法、治安和财政。任期内，他积极推进移民新法兰西的事业。其中，最著名的就是"王女移民"。超过八百名妇女，以"国王之女"的名义来到新法兰西。为了增加新法兰西的人口数量，他出台了一系列深得民心的政策，譬如男女结婚组建家庭，夫妇生儿育女，政府发放补贴作为奖励等。——译者注

第六章

们大片的土地分为小块出租给农民,每年向他们收取小额租金。这些小块地的持有者称为"佃户",他们依附庄园主,受庄园主保护,但同时要履行为他服兵役的义务。佃户能使用庄园主的磨坊加工谷物,向庄园主上交十四分之一的收成。如果土地出租权在佃户之间买卖,领主有权获得十二分之一的交易额,就像土地所有权在领主之间买卖,国王有权获得五分之一的交易额一样。后来,许多麻烦都因这些法规而起。

那时的继承法所带来的后果,甚至在当今的圣劳伦斯河谷仍然可以看到。一些地区的农场就是长长的窄条河滩地,只有几码宽,但来回却有一英里长。法律要求领主和佃户将土地平分给他们的子女,较大的地块连同头衔一起赠与长子。随着大家族迅速成为主体,庄园由于不断细分而逐渐缩小。当然,地产的分界线与河流垂直,这样一来,所有的人就都能分到靠近水边的优质地块。有些小地产是直接从国王那里得来的,被称为"自由土地",但这种地产数量不多,其所有者既没有庄园主特权,也没有头衔①。

---

① 1855年,庄园主特权被废除。庄园主们从省级政府那里获得了一笔补偿金。——原注

第二节　塔隆主政加拿大
　　　　英格兰占领纽约

现在，负责法国财政事务的是科尔伯特，他具有战略眼光。对加拿大而言，这是一种福音。应黎塞留的继任者马萨林主教的推荐，法王路易十四命科尔伯特担任财政大臣。科尔伯特意识到新的世界秩序正在形成，欧洲国家的强盛和影响将更多地依赖拥有海外殖民地的多寡。他认为，发展贸易和开发殖民地应该齐头并进。于是，他选择塔隆任魁北克的地方行政长官。塔隆和他一样目光长远，勤勉尽职，鞠躬尽瘁，不拘偏见。就在同一年（1664），西印度公司成立，该公司拥有法国在加拿大、阿卡迪亚、佛罗里达、非洲、南美和西印度群岛等殖民地的贸易特许权。在享有特权的同时，该公司和当时的百联公司一样要履行开发殖民地和教化原住民的义务。百联公司在教化原住民方面做得很糟糕。就这样，西印度公司获得了皮货贸易的垄断权，这引起加拿大殖民者的激烈抗议，因为他们都或多或少参与了这一利润颇丰的贸易活动。几年后，经塔隆向科尔伯特一再恳求，针对加拿大的贸易限制终于废除了，而西印度公司获得了河狸皮以及水牛皮出口贸易额的四分之一和十二分之一作补偿。但事实证明，西印度公司和百联公司一样对

第六章

殖民地发展没有贡献。1674年,西印度公司的特许权被撤销了。

治权议会成立一年后,南方哈得孙河口的曼哈顿岛上发生了一件注定要改变加拿大命运的大事。英王查理二世宣称,将大西洋沿岸南至佛罗里达的整个地区(囊括了新荷兰)赐予他的弟弟约克公爵詹姆斯[1]。尽管当时英格兰和荷兰处于和平时期,但仍有四艘英舰兵临新阿姆斯特丹,要求荷兰投降。荷兰老总督彼得·施托伊弗桑[2]主张迎战,但不好战的移民则说服了他,他接受了英格兰提出的温和条款。从此,新阿姆斯特丹变成了纽约[3]。荷兰殖民者在保留自己的财产、信仰和法律的前提下,变成了英格兰公民。

纽约的英格兰政府立刻与易洛魁人签署了条约,易洛魁五大部落都获得英格兰的庇护。对英格兰人来说,与易洛魁人结盟是福音,但对法国人来说,将成为他们未来永远无法摆脱的梦魇。狡猾的易洛魁人看到了他们在两个实力强大的竞争对手之间的地位,并巧妙地维护

---

[1] 詹姆斯(James,1633—1701),英王查理一世次子、查理二世之弟,封约克公爵。查理二世驾崩后,他继位,称"詹姆斯二世"。——译者注
[2] 彼得·施托伊弗桑(Peter Stuyvesant,1610—1672),新荷兰最后一任总督。1664年,他屈服于英格兰的武力,未放一枪一炮,将新阿姆斯特丹拱手献出。——译者注
[3] 纽约是根据英文"New York"音译而来。这种译法存在问题,无法显示与约克公爵(Duke of York)的关系,译为"新约克"似更妥。——译者注

名画《新阿姆斯特丹的陷落》。画中拄拐者是彼得·施托伊弗桑。这幅画反映了荷兰老总督彼得·施托伊弗桑接受英格兰提出的温和条款，献城投降这一重要历史事件。杰罗姆·菲利斯（Gerome Ferris，1863—1930）绘

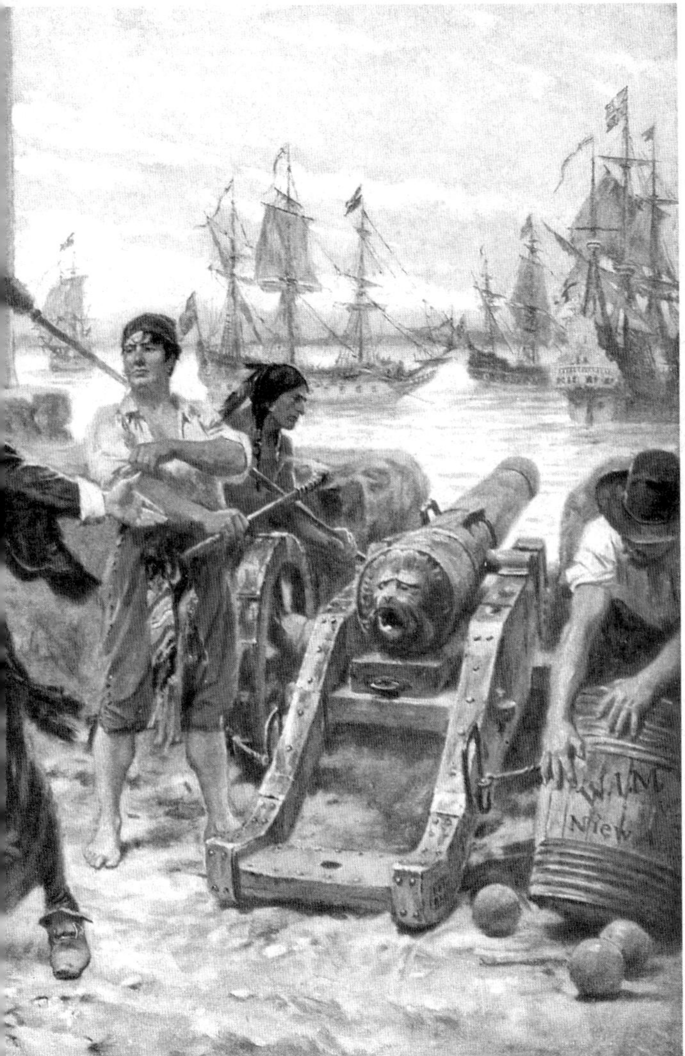

着这个地位：他们对英格兰的重要性，取决于法属加拿大殖民地的存在。

英格兰的势力在哈得孙地区出现后，与法国在河狸皮贸易上的竞争也日趋激烈。两大帝国披着河狸皮贸易冲突的外衣，在新世界展开了残酷的斗争。英格兰人计划将皮货贸易中心从圣劳伦斯地区转移到哈得孙地区，易洛魁人积极地参与，加快推动该计划。对西北那些同意将皮货带到哈得孙地区贸易的部落，易洛魁人就收起战斧，以礼相待；而对那些坚持与法国人保持贸易往来的部落，狡猾的易洛魁人则会发动残酷无情的战争。此外，交易时英格兰人出价比法国人高，印第安人换回的商品的质量更好。最后，就连那些被称作为"丛林人"[①]的法国商人也时常跑到英格兰市场来谋取更高的利润。在几方面原因作用下，加拿大的贸易遭到沉重打击。从此，仇恨在两国殖民地之间产生了，后来，边境许多定居点因此蒙受了巨大的灾难。

除了恼人的外部斗争外，魁北克内部也不团结。主教拉瓦尔和督军德梅西在谁拥有更大的行政权和话语权方面争执不下。不久，拉瓦尔就请求法王路易十四召回

[①] 丛林人指那些不愿受文明社会约束的法国人。他们和印第安人生活在一起，自由地开荒拓土，不受约束地进行皮货贸易。这种没有法律限制无拘无束的生活吸引了许多加拿大的年轻人。——原注

德梅西，就像他请求召回前两任督军一样。很明显，只有绝对服从才能使这位忠诚无比但又专横跋扈的主教满意。但拉瓦尔还没等到德梅西的召回令，德梅西就去世了。德·库尔塞勒①出任新督军。

第三节　特雷西到加拿大　　　　易洛魁人遭惩罚

德梅西和拉瓦尔不可开交地争斗时，路易十四派德·特雷西②侯爵去解决加拿大和西印度群岛出现的问题，同时进攻易洛魁人。1665年，德·特雷西来到魁北克。他不仅带来了许多新移民，还带来了著名的卡里尼昂—萨列斯军团③。魁北克人看到了强大的军队，顿时欢欣鼓舞。为了抵御易洛魁人，德·特雷西在黎塞留

---

① 德·库尔塞勒（de Courcelles，1626—1698），1665年到1672年任新法兰西督军。德·特雷西侯爵来到加拿大后，命他率军攻打易洛魁人。——译者注
② 德·特雷西（de Tracy，约1596—1670），法国贵族、政治家和军事统帅。17世纪40年代，他任驻德意志大使。1665年，他以魁北克为大本营，发动了进攻易洛魁人的残酷战争。——译者注
③ 卡里尼昂—萨列斯军团（Carignan-Salières Regiment），法国的一支劲旅，由三十年战争期间成立的巴萨尔军团（Balthasar Regiment）（巴萨尔于1665年去世后，又改称萨列斯军团）和1644年在皮埃蒙特（Piedmont）成立的卡里尼昂军团（Carignan Regiment）合并而成，总兵力约一千二百人。——译者注

卡里尼昂—萨列斯军团的一名军官和士兵。查理·威廉·杰弗里斯绘

卡里尼昂—萨列斯军团的两名士兵。绘者信息不详

河上的战略要地连续建起三座要塞（圣泰蕾兹堡、索雷尔堡①、尚布利堡）。这支英勇无比的法国军队到来的消息传到易洛魁人那里时，他们深感恐惧，有四个部落立即派代表前来求和。但最凶猛的莫哈克人仍我行我素，漠视法国军队的存在。法军一支小分队奉命前往剿灭莫哈克人，但遭到莫哈克人伏击，最终被打散。

1666年9月，德·特雷西率军征讨莫哈克人。新督军德·库尔塞勒一同前往，他精明强干，有勇有谋，是新法兰西历史上永远值得尊敬的人物。德·特雷西的军队共有一千三百名士兵。军队中间有一副担架，上面躺着虽然年迈但精神矍铄的指挥官②（他正忍受着严重的痛风的折磨）。大军敲锣打鼓，浩浩荡荡，如入无人之境。不过，这种方式并不适合与印第安人作战，后来法军因此尝到了苦果。但一时之间，莫哈克人还是被法国浩浩荡荡的大军吓住了。法军未至，他们就逃跑了。最后，他们的屋舍被夷为平地，准备过冬的粮食或被销毁或被带走。特雷西的"造访"，令莫哈克人长久不能忘记。其他易洛魁人也受到一定程度的打击。此后，加拿大维持了二十多年的和平。

---

① 这座要塞原建于1642年，后被废弃。后来，索雷尔在旧址上重建要塞，故得此名。——原注
② 指德·特雷西。——译者注

第六章

　　法国传教士可以在易洛魁人中自由活动了。他们教化了许多野蛮人,逐渐控制了这个高傲的民族。有的传教士比士兵、商人更胆大,深入到苏必利尔湖以北的荒野,使法国的影响遍及从伊利诺伊湖到温尼伯湖的广大地区。他们在索特—圣玛丽建了一个永久性布道所,另一个布道所建在半岛北端、休伦湖和密歇根湖之间的密西里麻金克。卡里尼昂—萨列斯军团已经解散了,军团的军官们变成了拥有大片土地的庄园主,士兵们则成了庄园的佃户,他们在黎塞留河沿岸和圣劳伦斯河南岸定居下来,因为这里恰好是易洛魁人进攻的必经之路,从而成了加拿大的前哨要塞。

　　在塔隆的精心治理下,安大略到海湾的整个殖民地的条件迅速改善了。塔隆真可谓居功至伟。农场物产丰富,百姓安居乐业。塔隆号召已经定居的殖民者在居住地附近清理土地,新建住所,准备迎接新移民。他勘察了殖民地的矿产,发现三河城储藏着丰富的铁矿。他对主教拉瓦尔和耶稣会传教士有些不满,因为他们阻挠教化印第安人。他认为,殖民地的教化不应完全依赖耶稣会。在法王路易十四的支持下,他召回了雷哥列派传教士。1670年,他重新将四名灰色长袍教父安排到了圣查理修道院的神职岗位上。

　　塔隆任期内,奔走于法国国内,为殖民地的男性移民挑选妻子。1665 年到 1670 年，一百二十名女孩[①]来到加拿大。这些女孩是精挑细选出来的，大都来自农村而非城市，因为农村女孩更容易适应新土地上的艰苦生活。她们一到加拿大，婚礼就以三十个为一批的方式从速举行。每个即将结婚的女孩会从法王那里获得丰厚的嫁妆，接着开始勤俭持家的婚后生活。凡是拒绝结婚的青年男子会引起王室的不满，其狩猎、捕鱼和贸易的权利会被剥夺。加拿大的单身汉的生活变得极不方便，从而单身汉不常见了。1667 年 2 月 4 日晚，加拿大有史以来第一次舞会在魁北克举行。这表明，在这片长期饱受骚扰的土地上，人们过上了安居乐业的幸福生活。

第四节　新法兰西扩大至密西西比河、哈得孙湾和安大略湖

召回雷哥列派传教士的那一年，塔隆派深谙印第安方言的探险家尼古拉·佩罗[②]去召集西边的部落前来开代表大会。尼古拉·佩罗渡过苏必利尔湖区，经密歇根湖抵达现在的芝加哥，这里是实力强大的迈阿密部落的

[①] 史称"王女"（filles du roi）。——译者注
[②] 尼古拉·佩罗（Nicholas Perrot，约 1644—1717），法国探险家、皮货商人，是第一个深入到上密西西比河谷（Upper Mississippi Valley）的欧洲人。上密西西比河谷相当于今威斯康辛州和明尼苏达州。——译者注

塔隆与主教拉瓦尔迎接漂洋过海来到加拿大的"王女"。埃莉诺·弗特斯科-布里克戴尔（Eleanor Fortescue-Brickdale，1872—1945）绘

中心。次年初,一大批代表来到索特—圣玛丽。塔隆向他们解释说,他们都会受到法王的保护。之后,五大湖区正式并入法国。这次西行期间,尼古拉·佩罗从印第安人那里获悉一条向南流的大河,他们称之为"密西西比河"(意为"水之父")。塔隆对此很感兴趣,马上派勇敢无畏的雅克·马凯特①神父和一个叫路易·诺列的商人、探险家去寻找密西西比河。中国的美好景象仍然激发着法国殖民者无限遐想,他们认为密西西比河或许通向中国。

  两位探险家带着几个随从向密歇根湖西北岸进发。他们乘着两艘独木舟逆福克斯河而上,过了福克斯河源头后,进入威斯康星河一条支流的上游,接着顺流而下。1673年6月17日,他们到达了密西西比河。之后的一个月里,他们顺流而下,经过了伊利诺伊河口、密苏里河口、俄亥俄河口,并受到沿岸部落的盛情款待。在俄亥俄河口,他们遇到了带着武器、穿着布衣的印第安人,这表明他们一直和海岸殖民点的英格兰人有贸易往来。阿肯色河口的野蛮人仇视他们。一时之间,他们陷入危

---

① 雅克·马凯特(Jacques Marquette,1637—1675),耶稣会传教士,生于法国拉翁。他为法属北美殖民地的西扩贡献良多。1673年,他与路易·诺列探索了上密西西比河,绘制了上密西西比河的地图,奠定了法属路易斯安那殖民地形成的基础。1675年探险期间,他的健康受损严重,不幸病逝,年仅三十七岁。——译者注

第六章

险之中。但机智的雅克·马凯特和路易·诺列化解了危机。仇视消失了，欢迎到来了，和平的盛宴代替了血腥的厮杀。就在这时，探险者们听说下游部落的敌意更浓，于是决定返航。他们开始怀疑密西西比河最终注入墨西哥湾而非太平洋；他们不急于访问西班牙人的定居点。返程时，他们沿伊利诺伊河溯流而上，横渡密歇根湖，到9月底，回到当初离开的格林湾布道所。接下来不到两年，雅克·马凯特去世了，埋在了这片他无怨无悔奉献过的土地上。

塔隆在向西扩张势力的同时，并没有放弃对渔业资源和毛皮供应都很丰富的北方地区的关注。1671年，塔隆派查理·阿尔巴内尔神父带队由萨格奈河出发，前去探索哈得孙湾。探险者们在萨格奈地区过了冬，然后经神秘的米斯塔西尼湖，沿奈坡浩河顺流而下，最后抵达辽阔的北部海域。在这里，查理·阿尔巴内尔神父召集许多活动于哈得孙湾的部落的代表，然后竖起一个带有皇家徽章的十字架，宣布正式占领该地区。

虽然加拿大的发展要归功于塔隆这样的政治天才，但德· 库尔塞勒也功不可没。德·库尔塞勒虽然不太关心加拿大的经济发展，但非常重视加拿大的军事威望。他使用武力制服了许多印第安部落，连易洛魁人也不愿意与他发生冲突。然而，这些好战的部落很不习惯和平

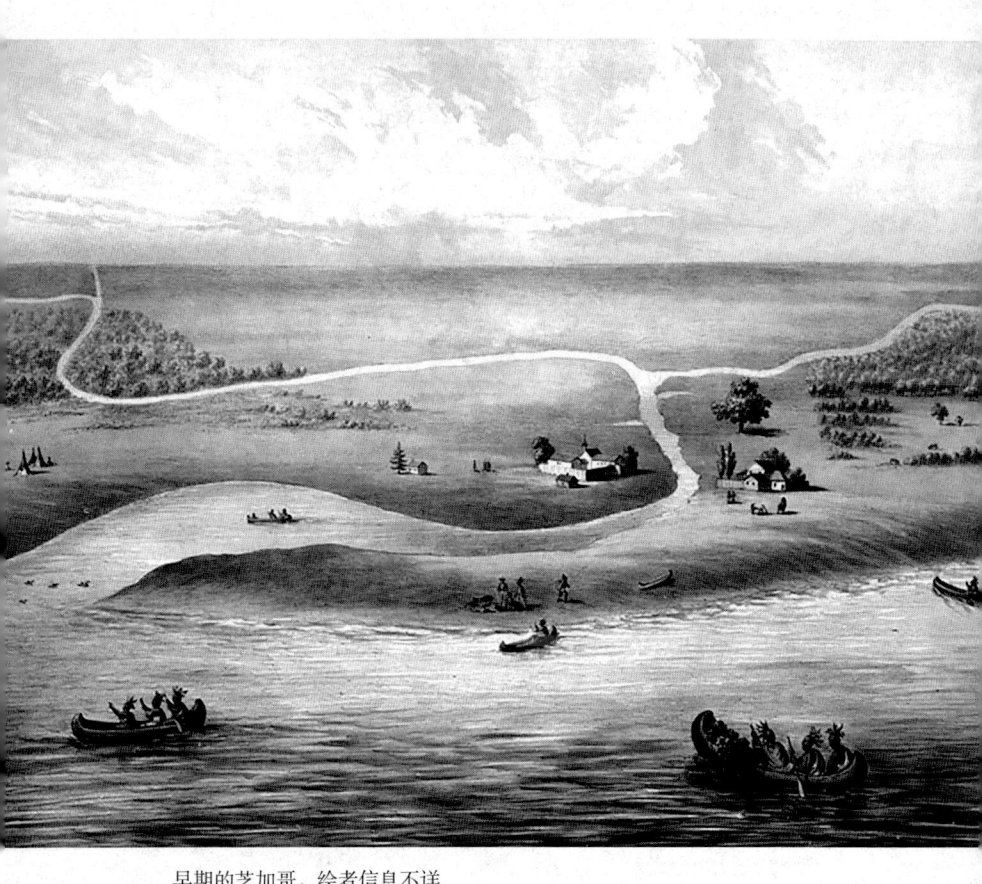

早期的芝加哥。绘者信息不详

雅克·马凯特神父来到密西西比河。威廉·兰普雷克特（Wilhelm Lamprecht，1838—1906）绘

带给他们的约束，他们越来越躁动不安了。德·库尔塞勒决定采取行动，在让他们有所顾虑的同时把他们控制得更牢。他邀请各部落的酋长在安大略湖岸一个叫坎塔阿库伊的地方召开和平谈判。他一边送礼物给他们、赞美他们，一边表明他不可撼动的决心。最后，他宣布在谈判的地方建一座要塞，方便西边的印第安部落与殖民地贸易。听到如此体贴的计划，酋长们非常满意。然而，后来战争再次爆发时，印第安人才意识到坎塔阿库伊堡的重要性和德·库尔塞勒当初建堡的目的所在。

第七章

第一节 弗龙特纳克和拉萨尔在加拿大

由于健康原因，德·库尔塞勒辞职了，他的继任者路易·弗龙特纳克伯爵[①]是当世英杰。他勇敢坚毅，志存高远，全身心投入到加拿大的各项事业中。虽然印第安人怕他，但他彬彬有礼的举止赢得了他们的友谊。他担任督军期间，连易洛魁人也不敢轻举妄动。虽然路易·弗龙特纳克伯爵不擅长民政管理，但这却丝毫不影响他的威望，只是他的鲁莽专横往往使他的光辉形象大

[①] 路易·弗龙特纳克伯爵（Louis Frontenac，1622—1698），法国大臣，1672年到1682年、1689年到1698年两任新法兰西督军，在第一个任期因支持继续向印第安人出售白兰地而被革职。他在五大湖区兴建了许多要塞，与英格兰人和易洛魁人激战多次，对发展皮毛贸易、巩固魁北克殖民地起到了积极作用。现在，加拿大有许多遗址和地标以他的名字命名。——译者注

打折扣。他不能忍受任何反对意见，不允许别人质疑自己的判断和权威。他上任后不久，塔隆便辞了职，回国去了。毫无疑问，塔隆发现了路易·弗龙特纳克伯爵的缺点，不想和他发生冲突。不久，新任地方长官杜切尼奥与路易·弗龙特纳克伯爵和关系就变得剑拔弩张了，而路易·弗龙特纳克伯爵与同样热衷权力的拉瓦尔之间的争吵更成为公开的丑闻。

　　路易·弗龙特纳克伯爵大力支持在坎塔阿库伊建要塞的计划。上任伊始，他便亲自督建。路易·弗龙特纳克伯爵还支持了拉萨尔，他是一位颇具传奇色彩的冒险家。几年前拉萨尔就到了加拿大，梦想着有朝一日能找到一条通往中国的航道。为了平息内心的躁动，为了熟悉一些印第安部落的习俗和语言，为了从皮货贸易中获利来维持自己的事业，拉萨尔离开文明社会，来到印第安人中生活了一段时间。如果他是平庸之辈，那么无疑会被称为"丛林人"。在印第安部落生活没多久，他就发现了俄亥俄河。他深深地影响了稣尔比斯会，并从稣尔比斯会那里获得了一片位于蒙特利尔岛西端的土地。接着，他在那里建起了定居点，也就是现在的拉欣。拉欣（Lachine）易使人联想起 La Chine，即中国。从某种程度上讲，这是对拉萨尔寻找通往中国航道的嘲弄吧。

　　坎塔阿库伊建起的要塞，称"弗龙特纳克堡"（Fort

第七章

Frontenac）。路易·弗龙特纳克伯爵将之赠给了拉萨尔，而拉萨尔将全部的建设费用返给了督军。路易·弗龙特纳克伯爵还赠给拉萨尔一大片土地。当然，拉萨尔在享有权利的同时按惯例还需承担一定的义务。拉萨尔拆除了旧要塞，建起一个更为坚固的石头要塞。之后，为了造船，继而去湖区贸易，拉萨尔忙着清理场地。1679年，拉萨尔在伊利湖上造出了"格里芬"号。他驾着格里芬号来到密歇根湖的格林湾布道所。从此，他总是满载毛皮而归。但密歇根湖并不是这艘小船的目的地，它的命运及其积累的财富现在依然成谜。

谈到拉萨尔就不能不提到他忠实的战友亨利·德·通蒂[1]。拉萨尔能取得许多伟大成就，离不开亨利·德·通蒂的帮助。1682年，拉萨尔终于开始推进他的计划了。他穿过密歇根湖，沿伊利诺伊河顺流而下。2月初，他的船驶入密西西比河，然后调转船头向南驶去。密西西比河两岸的部落有的善待他，有的仇视他。遇到仇视他的部落，宽阔的密西西比河使他有足够空间躲避射来的箭和子弹。探险者们一路顺流而下，历经冬春交替后，进入了万木葱茏的夏天。3月19日，他们到达了密西西

---

[1] 来加拿大前，亨利·德·通蒂（Henry de Tonti）在一场战役中失去了一只手，他在胳膊上装了一只铁手，总是戴手套遮盖着。紧急情况下，通蒂会用他的铁手发起进攻，这让印第安人十分敬畏。——原注

比河口。他们给登陆的地方起了一个悦耳的名字——路易斯安那（Louisiana），照例将其并入法国。返回时，探险者们逆流而上，遇到了许多困难，一再延长归期。1683年春，拉萨尔终于回到了魁北克。随后，他回了法国，真可谓载誉而归。他获得朝廷诸多赏赐和嘉奖。不久，拉萨尔又带领一支强大的远征军自拉罗舍尔出发，走海路前往密西西比河入海口，打算在那里建立一片殖民地。然而，拉萨尔算错了河口的位置，最终登陆的地方距河口数百英里[①]。万分沮丧的他带领一小支队伍上了岸，由陆路向东寻找目的地。不久，他便陷入了无路可走的境地，周围只有森林和沼泽，这就是很久以前德索托发现的绝命之地。在这片可怕的荒野中，拉萨尔的手下不满他严酷的管束，就叛变了，残忍地杀害了这位伟大的探险家。

第二节　弗龙特纳克离任　　　　拉巴尔丧权辱国

就在拉萨尔探索密西西比河时，易洛魁人的威胁再次降临了。纽约现任总督托马斯·唐根野心勃勃，小动

[①] 今马塔戈达湾（Matagorda Bay）。——译者注

拉萨尔拆除了旧要塞,建起一个更为坚固的石头要塞。图为新要塞建设期间,拉萨尔前来视察。约翰·戴维·凯利(John David Kelly,1862—1958)绘

亨利·德·通蒂（约1649—1704）。
绘者信息不详

拉萨尔宣布路易斯安那并入法国。霍华德·派尔（Howard Pyle，1853—1911）绘

1684年,拉萨尔率领由三艘船组成的船队走海路前往密西西比河入海口,打算在那里建立一片殖民地。这三艘船分别是"拉贝尔"号(La Belle)、"勒乔利"号(Le Joly)和"莱美博"号(L'Aimable)。西奥多·古丁(Theodore Gudin,1802—1880)绘

拉萨尔的手下不满他严酷的管束,就叛变了,残忍地杀害了这位伟大的探险家。路易·蓬布莱德(Louis Bomblea,1862—1927)绘

第七章

作不断。他试图破坏新法兰西和五大部落的和平局面。他的首要目标是战胜皮货贸易领域的对手，但他高度警惕在北美西部活动的法国探险者和传教士。伊利诺伊人与法国人关系亲密。但伊利诺伊人的一个勇士谋杀了塞尼卡人的一位首领后，麻烦出现了。易洛魁各部团结起来了，誓要为死者报仇，消灭伊利诺伊人。易洛魁人第一次攻击后，伊利诺伊人便放弃了河谷地带，纷纷逃往偏远的村落。路易·弗龙特纳克伯爵要求五大部落的代表来坎塔阿库伊相见，商量和平解决争端，并承诺确保他们的安全。经托马斯·唐根的授意，易洛魁人带消息给路易·弗龙特纳克伯爵，如果想见他们，那就亲自到他们的棚屋来。在路易·弗龙特纳克伯爵面前，易洛魁人的轻蔑犹如小巫见大巫。最后，迫于他的强势，凶残的易洛魁人退缩了。路易·弗龙特纳克伯爵不再和他们谈赔偿与和解，直接命令他们不可再欺负伊利诺伊人以及西部其他部落。他还告诉他们，有任何话对他说，必须到蒙特利尔来。易洛魁人不想路易·弗龙特纳克伯爵摧毁他们的村庄，于是态度立刻缓和了，撤回了前去攻打伊利诺伊人的队伍，之后派出大使前去蒙特利尔讲和。不久，路易·弗龙特纳克伯爵因与主教和耶稣会的矛盾而被召回法国。接替路易·弗龙特纳克伯爵的是老态钟的拉巴尔①，他是一位退伍军官。这就好比让一个三岁小孩承担壮汉才能完成的任务。

托马斯·唐根在支持易洛魁人，拉巴尔对此有所察觉，于是就向法王路易十四求援，同时敦促法王召见英格兰大使，好让英国制止托马斯·唐根在纽约的行为。托马斯·唐根遭到伦敦的训斥，拉巴尔则从巴黎得到两百名士兵。但易洛魁人，尤其是势力最强的塞尼卡部落一天比一天猖狂，仿佛已经感觉到路易·弗龙特纳克伯爵的高压政策不复存在了。拉巴尔发现易洛魁人的异动后，急忙提出和解。他的软弱因此暴露。他邀请易洛魁各部代表再次来到蒙特利尔，送给他们许多礼物。易洛魁人傲慢地宣称要消灭伊利诺伊人，他也忍气吞声。他通过好言相劝而不是严令获得了易洛魁人的承诺——不攻击休伦人、渥太华人和北方的其他部落，也不掠夺法国商人的货船。

我们很难相信拉巴尔会保护休伦人和渥太华人。休伦人和渥太华人非法的皮货贸易才是他最关心的事，因为他可以借此疯狂敛财。最后，他派了一支商队带着贵重商品前往伊利诺伊地区，一方面是为了收购密西西比

---

① 拉巴尔（La Barre，1622—1688），法国律师，1646年任法国最高法院顾问，1664年任法属圭亚那总督，1682年到1685年任新法兰西督军。他软弱无能，重挫了法国在北美的事业。——译者注

第七章

部落的毛皮,另一方面是为了占领拉萨尔的圣路易斯堡。就在这时,塞尼卡人血腥的报复降临了。在好战本性的驱使下,他们根本不关心攻击的对象是谁。他们迅速袭击了拉巴尔的商队,抢走了所有商品。塞尼卡人的鲁莽行为断了拉巴尔的财路,这远比名誉受损更让他难以接受。拉巴尔发誓要好好教训一下塞尼卡人。他召集了一支九百人的队伍,直奔塞尼卡地区,最后在安大略湖南岸安营扎寨。他指挥不力,士兵食不果腹,加之伤寒侵袭,这支小队伍的人数急剧减少[①]。

拉巴尔攻打塞尼卡人,就意味着攻打整个易洛魁联盟。易洛魁人的每个村落,甚至远在莫哈克边境的村落的人马纷纷出动,最后包围了拉巴尔的队伍。这支饥肠辘辘的队伍代表了法国在加拿大全部兵力。看起来易洛魁人大获全胜,要赶法国人下海了。然而,他们没有这样做。这时,他们已经觉察到英格兰人的侵略本性,如果法国人对英格兰人的牵制消失了,那么英格兰人就会变得无法无天。毫无疑问,森林政治家们懂得权力制衡的道理。于是,他们放了拉巴尔及其手下。不过,他们大肆挖苦了拉巴尔。他们对拉巴尔的威胁和要求嗤之以鼻,发誓要将伊利诺伊人斩尽杀绝。只要拉巴尔立即撤

---

① 他们安营的地方后来就被称作"泛闵湾"(Bay of Famine),意为"饥荒湾"。——原注

兵，他们就同意与法国人签订和约。丧权辱国的和约签完后，拉巴尔就被召回了法国，新法兰西督军由德农维尔侯爵①继任。

第三节 德农维尔、唐根和易洛魁人

来到加拿大后，德农维尔侯爵发现，拉巴尔的愚行令人们不胜其愤，印第安人的冷酷令人们不寒而栗。法国的北方盟友不仅积极谋求与易洛魁人讲和，还打算发展与英格兰人的贸易。与德农维尔侯爵一起来加拿大的还有德·卡利埃②，他是蒙特利尔新任总督，一位勇敢的战士，一位精明的统治者。内政方面，现任督军、地方行政长官、主教和耶稣会心往一处想，劲往一处使，加拿大政通人和，这种情况非常少见。德农维尔侯爵到任不久就得出结论：当务之急是征服塞尼卡人。他向法王紧急请求派更多的士兵来加拿大。于是，他的士兵数量慢慢增多，他的计划慢慢成熟。不过，他一直对自己

---

① 德农维尔侯爵（1637—1710），名叫雅克·布里塞（Jacques Brisay），1685年到1689年任新法兰西督军。任期结束后，他回到法国，深受法王路易十四的宠信，奉命担任王子们的师傅。他是河狸战争中的关键人物。河狸战争又称"易洛魁战争""法国—易洛魁战争"。——译者注
② 德·卡利埃（de Callières，1648—1703），法国政治家，1684年到1699年任蒙特利尔总督，1698年到1703年任新法兰西督军。——译者注

德农维尔侯爵画像。绘者信息不详

的计划守口如瓶，甚至他在魁北克的亲信都不知道。德农维尔侯爵对易洛魁人采取恩威并施的策略；在计划尚未成熟时，他要避免与易洛魁人开战。

现在，魁北克的德农维尔侯爵和纽约的托马斯·唐根正在暗斗，尽管他们各自的君主法王路易十四和英王詹姆斯二世决定维持友好关系[①]。路易十四与詹姆斯二世都没有发现新世界出现的问题，于是签署确保北美永久和平的条约。然而，要说洞察当前形势，与北美的大臣们相比，他们差远了。德农维尔侯爵与托马斯·唐根暗斗的目的是夺取西部地区的控制权。高瞻远瞩的托马斯·唐根为了将西北地区印第安人的贸易中心从圣劳伦斯转到哈得孙，无所不用其极：他奉承酋长，贿赂丛林商人，提高收购价，推出优质商品。两条贸易路线都有优势，难分伯仲。托马斯·唐根派英格兰商人去五大湖以外的地方，也就是那些除法国人外其他白人没到过的地方。英格兰人受到印第安人的热烈欢迎。为了削弱英格兰人的影响力，防止皮货贸易转向纽约，法国需要迪吕特和佩罗这种人才，印第安人对他们既爱又怕。

托马斯·唐根的计划是将法国人牢牢地限制在圣劳伦斯河谷。为了确保计划成功实施，新英格兰人袭击了

[①] 路易十四的姑妈亨丽埃塔·玛利亚是詹姆斯二世之母。亲戚关系也是两国君主决定和平相处的重要原因之一。——译者注

第七章

阿卡迪亚，在哈得孙建起了贸易站。法国人的策略是通过不断扩大法国的影响范围，最终包围英格兰人的定居点，只留给他们已经扎根的狭长的大西洋海岸地带。库尔塞勒、塔隆、弗龙特纳克、拉萨尔、德农维尔侯爵多多少少都贯彻了这种思想。尽管英法两国签有和约，但德农维尔侯爵还是派军赶到哈得孙湾，突袭了英格兰的三个要塞[①]。这次突袭由蒙特利尔骑士团的德特鲁瓦指挥，其中有个叫德伊贝维尔的人，后来他成为名垂加拿大史的勇士。

这时，德农维尔侯爵和托马斯·唐根都已经意识到，谁能在尼亚加拉建起要塞，谁就能夺得巨大的商机。于是，他们就开始谋划。建要塞的最佳位置在塞尼卡人的地盘上，所以他们不得不考虑这个顽固的民族的感受。就这样，纽约和魁北克在北美大陆上角力。然而，兵强马壮的新英格兰殖民地却对此不太关注。早在1680年，波士顿就对纽约没多大兴趣。

1687年，德农维尔侯爵认为惩罚塞尼卡人的时机已经成熟。他迅速召集了一支劲旅，溯圣劳伦斯河而上。然后，他行不义之举，与沙尔尼塞如出一辙。他的手段那么卑劣，后面我们看到易洛魁人骇人的野蛮行径时，

[①] 这三个要塞分别是艾尔巴尼堡、海耶斯堡和鲁伯特堡。这次突袭打击了哈得孙海湾公司，它的竞争对手北方公司坐收渔翁之利。——原注

就不必太震惊了。德农维尔侯爵邀请许多酋长到弗龙特纳克堡参加会议。塞尼卡人一入城，悉数被抓，然后被当作奴隶送往法国，干起了划船的营生，直到最终累死。陷入苦难的人数不断增加。不久，德农维尔侯爵袭击了弗龙特纳克堡附近两个中立的易洛魁村落，尽管这里的原住民一直安分守己。德农维尔侯爵暴行本质上与非洲掠奴者没有区别，唯一不同的是，妇女和儿童没有被塞入狭小的船舱因恐惧和瘟疫而死亡。他们皈依基督教后，被安置到各个设有布道所的村庄。

初战告捷后，德农维尔侯爵又率军迅速穿过大湖区，企图突袭塞尼卡人。令他惊喜的是，迪吕特和杜兰泰耶召集了一支由丛林人、休伦人、渥太华人和北方其他印第安人组成的队伍，从密西里麻金克①急行军赶来和他会合。塞尼卡人经过短暂的殊死抵抗，然后纷纷逃进丛林深处。他们的城镇被付之一炬，粮食和家畜全部被毁。遭受沉重的打击后，塞尼卡人很难再恢复元气了。接着，德农维尔侯爵行军至尼亚加拉，然后建了一座谋划已久的要塞，要塞由一百人驻守。

虽然德农维尔侯爵胜利了，但殖民地却深陷苦难之

---

① 密西里麻金克（Michilimakinac）是一个重要的地理学名词，包括休伦湖、密歇根湖和苏必利尔湖在内的整个地区。该地区既是印第安人的重要聚居区，也是白人殖民者觊觎、争夺的焦点。——译者注

第七章

中。德农维尔侯爵的背信弃义引起易洛魁联盟的愤怒和仇恨。为了给塞尼卡人报仇雪恨，易洛魁联盟像恶狼一样在加拿大窜来窜去。易洛魁人知道，如果大规模行动，那么一定会被训练有素的法军击退。因此，他们以小规模袭击为主，来无影去无踪。他们所到之处，常常只剩下冒烟的废墟和绑在树桩上烧焦的尸体。每个定居点都成了他们的袭击目标。外出时，人们要全副武装，结伴而行。每个领主的宅邸都建有堡垒，下人们可以带着眷属和财物来避难。然而，祸不单行，殖民地爆发了天花，其致命程度不亚于易洛魁人的斧头。

敌人防不胜防，德农维尔侯爵无法保护殖民地人民的安全，于是他邀请易洛魁代表到蒙特利尔会谈，希望能和他们和平相处。但在托马斯·唐根的蛊惑下，与会的易洛魁人宣称不会和谈，除非德农维尔侯爵释放掳走的酋长，拆除尼亚加拉堡。托马斯·唐根现在开始公开干涉了，而干涉的理由是所有易洛魁人都受英格兰的保护，德农维尔侯爵袭击塞尼卡人是对英格兰领土的入侵。德农维尔侯爵赶走了易洛魁代表，拒绝再和这些傲慢的家伙谈判。之后没过多久，易洛魁人也许是厌倦了战争，也许是担心法军会再次踏平他们的家园，也许他们认为是时候告诫英格兰人不要太别有用心了，总之，他们重新派代表来到蒙特利尔，遵照德农维尔侯爵开出的条件谈判。双方同意在和约正式达成前首先停战。代表们留下人质后，返回了易洛魁联盟的中心。

第四节　孔德拉容克破坏和平
　　　　拉欣大屠杀上演

和约对法国人来说是福音，但对密西里麻金克的休伦人来说却意味着毁灭。德农维尔侯爵曾发誓杀尽易洛魁人，为休伦人赢得和平，因此，休伦人与他结盟。现在，休伦人知道德农维尔侯爵再不会保护他们免遭易洛魁人蹂躏，即将成为和约的牺牲品了。不过，休伦人一位绰号"老鼠"的酋长孔德拉容克本领高强，足智多谋。他决心破坏和约，于是就率休伦人埋伏在易洛魁特使前往蒙特利尔的必经之路上，最后杀了一个，抓了其他人，并宣称他执行的是德农维尔侯爵的命令。特使们强烈谴责了孔德拉容克的暴行后，宣称他们是奉命前往蒙特利尔与法国人和谈的使者。听完，孔德拉容克装出一脸的震惊，大骂德农维尔侯爵竟让他做出如此不义之举。接着，他放了特使们，送给他们许多礼物。他只扣留了其中一个特使，说是顶替在袭击中战死的一个休伦人。然后，他匆忙撤往密西里麻金克。途径弗龙特纳克堡时，孔德拉容克跟要塞指挥官说了一句让他莫名其妙

第七章

的话"和平已破坏,我倒要看看督军大人如何摆平"。在密西里麻金克,没人知道停战或和约。于是,孔德拉容克就把扣留的那个易洛魁特使当作间谍交给了法国指挥官。倒霉的俘虏百口莫辩,被活活烧死了。然后,孔德拉容克又释放了一名易洛魁囚犯,让他转告易洛魁人法国人已经背信弃义。和平被彻底搅乱了。德农维尔侯爵再怎么解释和抗议都没有用,因为他现在被指控的恶行不过是他惯用伎俩的又一次上演。易洛魁人不会再被欺骗,他们在默默地酝酿着一个恐怖的复仇计划。

这时,托马斯·唐根被召回英格兰,继任者是埃德蒙·安德罗斯少校。埃德蒙·安德罗斯虽然不支持易洛魁人攻击加拿大,但在主张英格兰主权以及要求拆除尼亚加拉堡的态度上非常坚定。在德农维尔和德·卡利埃看来,现在实现和平唯一的办法就是把英格兰人从大陆上赶走。于是,他们就向法王路易十四提出了夺取纽约和艾尔巴尼的计划。

经过数月的酝酿,易洛魁人终于展开复仇行动了。这就是加拿大历史上骇人听闻的拉欣大屠杀。1689年8月4日晚上,风雨交加,一千五百名易洛魁人趁着夜色,悄无声息地潜入位于蒙特利尔岛的拉欣村[1]。他们蹑手

---

[1] 蒙特利尔岛上一个法国移民的定居点。——译者注

蹑脚，分头前往各家各户。准备好后，他们突然厉声叫喊起来，破门入户，将斧头砍向睡梦中的人们。第一轮袭击时，在睡梦中死去的人算是幸运的。幸存者无论男女老幼都被拖出来绑到木桩上，一边遭受着无法形容的残酷折磨，一边眼睁睁看着家园被大火吞没。那种极端恐怖的场景简直无法用语言来描述。恐惧笼罩了整个蒙特利尔，一时间，人们呆若木鸡，心如死灰。离拉欣村几英里远的拉欣堡驻扎着一支两百人的法军。指挥官苏博凯斯[①]获悉这一骇人的消息后，准备率军前去讨伐那些屠夫们。然而，德农维尔侯爵命令他退守罗兰堡。虽然他强烈抗议，但还是被迫听令，只能将被俘的同胞交给命运了。雷米堡的一小支驻军在前往罗兰堡时被易洛魁人消灭了。蒙特利尔城和罗兰堡的兵力足以打败敌人，但除了勇敢的苏博凯斯外，其他指挥官都吓破了胆。易洛魁人毫无顾忌地待在岛上。最后，他们厌倦了，这才带着俘虏大摇大摆地离开了。蒙特利尔城内的人们眼睁睁地看着亲友被敌人带入痛苦的深渊而无可奈何。

加拿大人陷入了巨大的恐慌，强烈呼吁强硬的弗龙特纳克回来拯救他们。在英格兰国内，詹姆斯二世被

[①] 苏博凯斯（Subercase，1661—1732），法国海军军官。他曾担任纽芬兰总督和阿卡迪亚末代总督。——译者注

当时的拉欣要塞。苏博凯斯担任这里的指挥官。绘者信息不详

推翻①，法国的敌人奥兰治的威廉②上台。奥兰治的威廉很快就向路易十四宣战。德农维尔侯爵被召回国。大敌当前，加拿大人早已忘了弗龙特纳克的缺点。法王路易十四再次任命他为新法兰西督军。这时，他正在返回加拿大的路上（1689）。

同一时期的阿卡迪亚和纽芬兰情况又如何呢？从1667年签订《布雷达条约》到弗龙特纳克重返加拿大的二十多年里，阿卡迪亚一直没有战事。总督一任接一任，无不充分利用宝贵的任职时间捞取利益，他们不仅向印第安人非法售卖白兰地，还与英格兰人非法贸易。不过，人口确实缓慢地、稳定地增长了，殖民地的范围扩大到富饶的芬迪湾。1671年，包括佩诺布斯科特河的士兵在内，阿卡迪亚的白人居民已达四百四十一人。不过，与阿卡迪亚辽阔的疆域（包括今缅因州一部分）相比，人口规模还是小了些。然而，到1685年，人口已经翻了一番，除了自然增长外，还有新移民的加入。从那时起，希格内克托和格朗普雷定居点不断发展，没有受罗亚尔港麻烦的困扰，一个世纪后才毁灭。这个时期出现了一个著名的人物，他就是勇敢无畏、目无法纪的丛林人和庄园

---

① 史称"光荣革命"。——译者注
② 奥兰治的威廉（William of Orange, 1650—1702），荷兰执政，入主英格兰后，称"威廉三世"。他的母亲是英王查理一世长女玛丽公主，他的妻子是英王詹姆斯二世之女。他终生与法王路易十四为敌。——译者注

第七章

主圣卡斯坦①。圣卡斯坦奉命驻守佩诺布斯科特河上坚固的要塞,守卫着阿卡迪亚的大门,时刻提防着新英格兰人的入侵。圣卡斯坦娶了一个印第安部落酋长马塔坎多的女儿。他对印第安人恩威并施,在阿卡迪亚所有印第安部落里影响很大。

奥兰治的威廉入主英格兰(1689)之前的半个世纪里,纽芬兰岛没有发生什么大事。来自英格兰西部的鱼商们将纽芬兰岛据为己有。为了防止渔业遭到冲击,英格兰还通过立法禁止人们在岛上定居。只有到了冬天,鱼商们才允许人们暂居岛上,好照看船只和渔具,但人数不超过一千人。没有经过英格兰政府的许可,任何人不可以在这里再建新房,甚至翻修旧屋也不行。因此,这里人口增长缓慢也就不足为奇了。虽然要求如此无理,但竟然没有人反抗,这实在匪夷所思。这一时期最有意义的事情是法国人发展起自己的渔业。早在1635年,法国人就获得在纽芬兰海岸晒鱼的许可,条件是支付产品价值的百分之五给英格兰人。法国人尽善尽美地使用了该特权。1660年,他们在普莱桑斯建起一块拥有坚固的防御工事的殖民地。十五年后,他们诱使英王查理二

---

① 圣卡斯坦(St. Castin,1652—1707),既是法属阿卡迪亚的军事主官,又是阿布纳基人的首领。美国诗人亨利·沃兹沃斯·朗费罗(Henry Wadsworth Longfellow,1807—1882)称他为"圣卡斯坦巨人"。——译者注

奥兰治的威廉乘船前往英格兰继位。图中大船就是奥兰治的威廉的坐船"布里尔"号。鲁道夫·巴克赫伊曾(Ludolf Bakhuizen, 1630—1708)绘

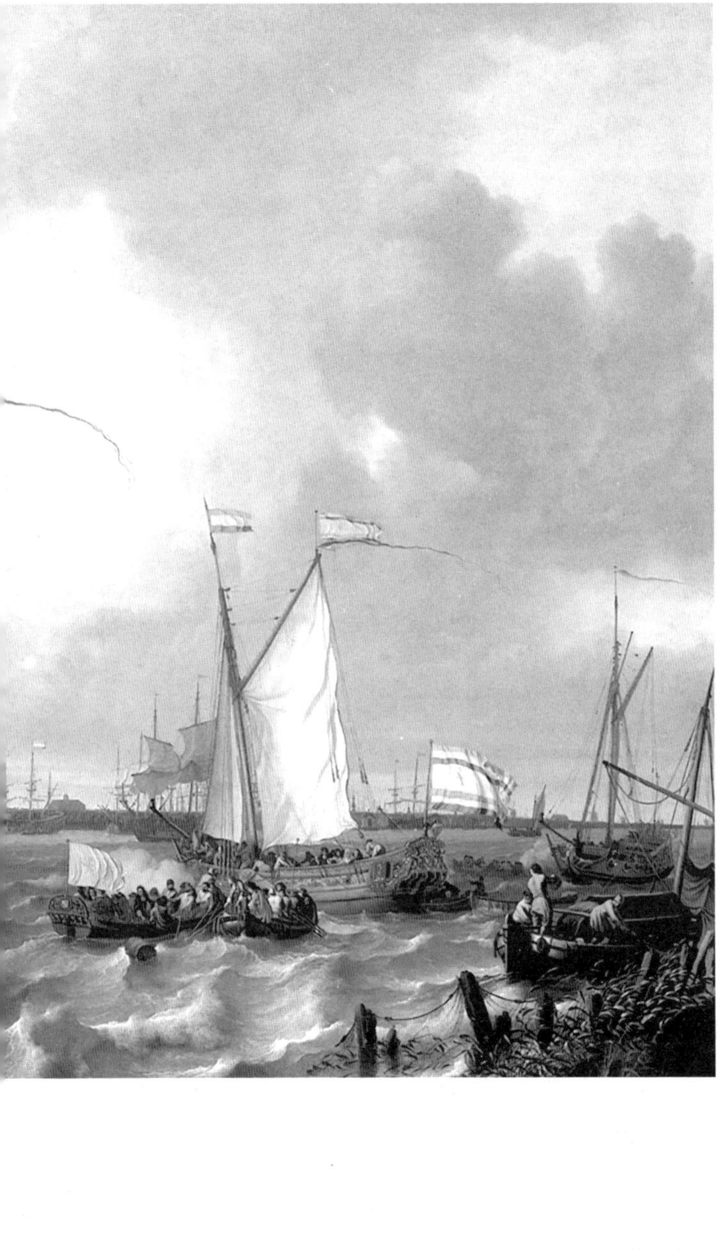

世免除了那百分之五的税。于是，法国人的势力便蔓延开来，最后他们控制了纽芬兰岛的大部分区域。英王威廉三世向法王路易十四宣战时称，法国对纽芬兰的侵占也是原因之一。

第八章

第一节 弗龙特纳克攻打英格兰殖民地

虽然伟大的路易十四现在正处于人生的巅峰期,但在新世界他似乎还不能一手遮天。粗鄙的英格兰人经常阻挠他的计划,放肆的易洛魁人不断屠杀他的百姓,所以他决定要实施德农维尔侯爵和德·卡利埃提出的计划——不仅要铲除纽约殖民地,而且要赶走一万八千名英格兰和荷兰定居者。与这个计划相比,后来发生的英格兰驱逐阿卡迪亚人的行动就显得微不足道了。虽然该计划确实鼓舞人心,但令人失望的是,路易十四提供的资源严重不足——只派了两艘战舰和一千六百名士兵前往阿卡迪亚的谢德巴托湾待命。弗龙特纳克抵达魁北克后,开始组织地面部队。接下来的行动计划是,弗龙特纳克率地面部队经黎塞留河进入纽约,然后发消息给谢德巴托湾待命的舰队，最后海陆两支部队联合行动。然而，舰队的准备工作一拖再拖，横渡大西洋时又遭遇了强劲的逆风。舰队终于抵达谢德巴托湾时，作战时机已经错过。于是，弗龙特纳克只得取消行动计划。

尽管缺兵少将，资金匮乏，但在弗龙特纳克的激励下，加拿大人的心中还是点燃了新的希望，印第安人也感受到他那坚定的信心。他带回了德农维尔侯爵用卑鄙手段绑架的易洛魁酋长。这种善意很快赢得了他们的友谊。接着，他赠送给他们厚礼，并送他们回家。但这时，法国的威望已丧失殆尽，而英格兰商人机关算尽，于是，西北各部落都渴望与易洛魁人和平相处，并将命运与英格兰人绑在一起。弗龙特纳克意识到必须立刻狠狠打击英格兰人，重塑他在印第安人的心中的威名。他迅速组织了三支队伍，由骁勇的加拿大丛林人和布道所皈依基督教的印第安人组成。三支队伍分别从魁北克、三河城和蒙特利尔出发。穿越冬天死一般寂静的荒野后，队伍逼近了边境。从蒙特利尔出发的队伍行军途中历尽艰难险阻，凭着大无畏精神来到了哈得孙湾的斯克内克塔迪村。大雪湮没了村庄的栅栏。栅栏大门没关，也没人把守，村民安心地睡着觉。清冷寂静的午夜里，战斗的呐喊声突然传来了。睡眼惺忪的人们睁开眼时，发现敌人的刀已挥向他们的喉咙。这是一场惨绝人寰的屠杀。一时之

第八章

间,皈依基督教的印第安人肆无忌惮地砍杀抢掠。后来,法国人介入了,解救了一些可怜的俘虏。一位住在斯克内克塔迪村对岸的格伦先生之前善待法国俘虏,所以法国人对他感激不尽,念念不忘。现在,格伦在自己的房子里做好了随时被杀的准备,但法国人宣称他们不是他的敌人而是"债权人",所以不仅保护格伦的家人及其财产,而且保护格伦所谓的亲戚及其财产。

印第安人抱怨道,格伦的亲戚的数量实在太惊人了。法国人没有在斯克内克塔迪停留过长时间,而是带着胜利的喜讯立即回了蒙特利尔。从三河城出发的那支队伍偷袭了新罕布什尔的萨尔蒙佛斯村。发生在斯克内克塔迪的恐怖一幕再次上演。村民不分男女老幼全遭屠杀,定居点被烧成灰烬。许多躲过斧头的可怜人在树林里忍冻挨饿,因为法国人不想让印第安人接近他们,最后这些俘虏被安全地押到了魁北克。第三支队伍赶来与第二支队伍会合后,沿着卡斯科湾前进。不久,他们就遇到了顽强的抵抗。新英格兰人坚守了好几天。最后,在得到对方会优待俘虏并保证他们免遭印第安人屠戮的庄严承诺后,他们放弃抵抗投降了。然而,无耻的暴行毁灭了承诺,俘虏们的头皮被切下后,绑到了火刑柱上。要塞和村庄均被摧毁。联军的指挥官波特尼夫卑鄙,失信,永远玷污了自己的良心。赫泰尔指挥的队伍来自三河城,战斗时虽然手段残忍，但却是最后的胜利者（1690）。

在整个加拿大地区，战争的效果立竿见影。西北部落的印第安人发现弗龙特纳克一如既往地强硬，立即战战兢兢地赶来归顺。空气中弥漫着成功的气息。不久，加拿大的一支游击队击溃了一支易洛魁武装，截获了许多毛皮（密西里麻金克积攒了三年的毛皮量），带回了蒙特利尔城。随着一连串的胜利，已经停滞很久的加拿大贸易再次活跃起来，百姓们感谢上帝为他们送来了铁腕督军。但此时遭受重创的纽约和新英格兰殖民地的人民怒火中烧，因为伤害他们的不是文明的战争，而是野蛮的杀戮。敌人在卡斯科、萨尔蒙佛斯、斯克内克塔迪所犯的暴行，激起了英格兰殖民者强烈的复仇之心，只要百合花旗还在新法兰西上空飘扬，他们的仇恨之火就不会熄灭。现在，英法两国在新世界的斗争已经由政治竞争演变为你死我活的民族仇恨。

第二节　菲普斯攻打罗亚尔港和魁北克
　　　　　马德莱娜击退易洛魁人
　　　　　弗龙特纳克去世

英格兰各殖民地派代表到纽约召开会议，商讨如何应对共同的危险。发现大不列颠无法施以援手后，新英

第八章

格兰和纽约决定联合攻打加拿大。新英格兰人首先组织了一支舰队，去捣毁敌人的老巢阿卡迪亚。舰队由七艘小型船只组成，由威廉·菲普斯[1]指挥（1690）。罗亚尔港几乎没有任何防御能力，城墙破败单薄，半数炮位缺少大炮，但守城长官梅纳瓦尔[2]却坚持迎战来犯之敌。在这种情况下，威廉·菲普斯给梅纳瓦尔开出了优厚的投降条件。然而，当发现敌人根本就不堪一击时，威廉·菲普斯觉得自己被假象蒙蔽了，就找了个牵强的理由，撕毁了之前的投降协定，轻而易举地夺取了要塞和教堂，俘虏了梅纳瓦尔和他的守军。除那些宣誓效忠英格兰的公民没有遭受伤害和损失外，其他人都遭到疯狂的掠夺。但公正地讲，加拿大人应该承认，与去年法国人的暴行相比，这根本不算什么。威廉·菲普斯带着战利品刚回到波士顿，就接到联合攻打加拿大[3]的命令。马萨诸塞派一支舰队进攻魁北克，纽约派一支陆军攻打蒙特利尔。威廉·菲普斯担任马萨诸塞舰队的指挥官，温思罗普上校担任纽约陆军的指挥官。

---

[1] 威廉·菲普斯（William Phips, 1651—1695），英属北美殖民地的传奇人物。他从一个牧童，成长为第一任皇家马萨诸塞湾殖民地总督，其间，他做过造船工，当过船长，后参加海军，屡立战功，逐渐升为少将。——译者注
[2] 梅纳瓦尔（Menneval，生年不详—1703），1687年到1690年任阿卡迪亚总督。1690年，他驻守的罗亚尔港被威廉·菲普斯率领的英格兰远征军攻陷。——译者注
[3] 史称"魁北克战役"（Battle of Quebec）。——译者注

讨伐蒙特利尔（1690）一开始就很不顺利。部队爆发了瘟疫；独木舟和食物供应不足；易洛魁人没有信守诺言，施以援手；部队主力到达尚普兰湖后就停止不前，只有一小队志愿兵继续前进。最终，袭击边境的草原村落后，这次远征就流产了。当时，弗龙特纳克正在蒙特利尔与密西里麻金克的印第安人一边跳舞一边计划着如何报复。获悉敌军逼近魁北克的消息后，他急匆匆往回赶，同时命令勇敢的蒙特利尔总督德·卡利埃召集庄园的民兵武装一同前往魁北克。这时，新英格兰的舰队已进至泰道沙克。

弗龙特纳克复任督军以来，大大增强了魁北克城的城防，尤其是面向陆地的城墙和原先不够坚固的城墙得到完善。现在，城头堆满了滚木礌石。上城区和河岸炮台已经进入战备状态。城内两千七百名正规军和武装民兵随时待命。下城区的博波尔和布沛由加拿大的丛林人把守。敌人极有可能由博波尔和布沛登陆。十月的一个黎明，敌人的舰队出现了，缓缓地绕过奥尔良岛的绿色海岸。

威廉·菲普斯舰队共大小船只三十二艘，承载着约两千两百名士兵。如果他亲眼看到魁北克坚固的城墙和威猛的炮台，就会意识到攻打任务之艰巨，或许会吓得不战而退。城内兵强马壮，百合花旗在秋风里傲然飘扬。

第八章

要不是威廉·菲普斯自信过头,下面的事情就不会发生。他派一名使者进城,奉劝弗龙特纳克一小时内投降。使者的眼睛被蒙上了,经过一段蜿蜒曲折的道路,他来到弗龙特纳克的官邸。面对魁北克的政要们,使者毫不客气地下了最后通牒,并把怀表放在桌子上倒计时。但魁北克可不是罗亚尔港。威廉·菲普斯的傲慢彻底激怒了弗龙特纳克。弗龙特纳克的回答简短而犀利——由他的枪炮来答复。

不久,进攻开始了。威廉·菲普斯的副将沃利率领一千三百名士兵,带着小型野战炮,在博波尔强行登岸,与此同时,战舰上的大炮向城内开火。具体的作战方案是,在炮火的掩护下,陆军攻打魁北克后方。然而,这支不熟悉地形的新英格兰军队,一直受到神出鬼没的印第安游击队的牵制,同时还要面对骁勇的加拿大老兵。于是,他们穿越查理河的计划一次次失败。经过三天的激战,他们又冷又饿,只好沮丧地退回船上。五门大炮深陷博波尔的泥沼。不过,他们的英勇战斗赢得了法国人的尊重。面对坚固的城墙,他们的炮火根本不起作用。魁北克的大炮将威廉·菲普斯的战舰打得千疮百孔。威廉·菲普斯赶忙率舰队撤到奥尔良岛的后面。修理了遭受重创的战舰后,英格兰带着懊恼的心情返回了波士顿。这场战役失利后,马萨诸塞一方面饱受屈辱,另一方面

弗龙特纳克严词拒绝了威廉·菲普斯使者带来的无理要求。查理·威廉·杰弗里斯绘

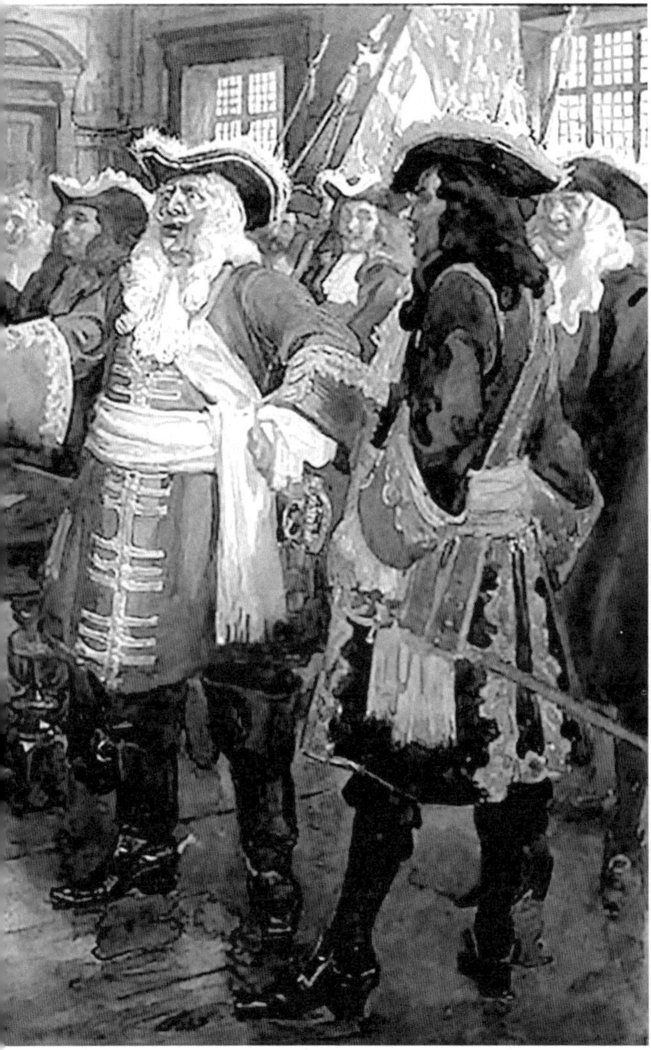

魁北克的大炮将威廉·菲普斯的战舰打得千疮百孔。
查理·范·特纳克（Charles Van Tenac）绘

第八章

债台高筑。反观加拿大,无论小教堂,还是圣母大教堂,都在庆祝。法王路易十四嘉奖魁北克一枚勋章,上面刻着:法兰西在新世界的伟大胜利。

接下来的几年,加拿大的历史以一系列袭击与反袭击的外部冲突和弗龙特纳克派与耶稣会派激烈的内部斗争为主要特征。后来,法王路易十四被迫出面干涉,弗龙特纳克在内斗中似乎占了上风。其间,切斯内大屠杀发生了,堪称一场重大的灾难。全村的居民一部分被易洛魁人屠杀,一部分沦为俘虏。这个时期出了一位女英雄,她叫马德莱娜·德拉沃斯,年仅十四岁,是德拉沃斯庄园主的女儿,住在当时被称为"危险城堡"的地方,因为这里经常遭受易洛魁人的袭击。一天上午,她父亲出远门去了魁北克,庄园的人们都在田里劳作,马德莱娜·德拉沃斯和两个弟弟以及一位八十岁的老人留守城堡。这时,易洛魁人来了。三个男人绝望了,想要放弃了,但勇敢的马德莱娜·德拉沃斯训斥了他们,然后激励他们拿出男子汉的气概。她非常自信,迫使野蛮人逗留河湾,不敢进前。最后,几个女人从田里返回城堡。她既精明又能干,号召人们积极坚守城堡。所有人丝毫没有懈怠。一周后,敌人无功而返。她的两个弟弟(一个十二岁,一个十岁)扛起了枪,很好地配合她完成了防御任务。真没想到,在危难时刻,我们的妇女儿童都成了英雄。蒙特利尔的援军赶来时，没有看到冒烟的废墟和恐怖的惨状，因为在十四岁女孩马德莱娜·德拉沃斯的指挥下，守城人员都安然无恙。

1696年，弗龙特纳克率领一支劲旅攻入易洛魁人的心脏地带。这些骄傲的野蛮人不敢正面和他一决雌雄。听到他前来的消息后，他们都悄悄地逃跑了。弗龙特纳克烧毁了包括奥农达加在内的主要城镇，毁了奥奈达的庄稼。奥农达加是易洛魁联盟召开会议的地方。这次有力的行动后，犹豫不决的西北部落吃了定心丸，而易洛魁人最终派使者带着贡品来魁北克求和。和谈进行期间，有消息传来，英法两国签订了《里斯维克和约》[①]，解决了双方的争端。1698年11月，坚强无畏的铁腕督军弗龙特纳克寿终正寝。

第三节　德伊贝维尔征服哈得孙湾、 阿卡迪亚和纽芬兰

讲述18世纪的大事之前，我们先回溯几年，看看阿卡迪亚的情况。加拿大和纽约在北美激烈争夺的地方

---

① 1697年9月20日，法国同反法大同盟中的英格兰、荷兰、神圣罗马帝国和西班牙在里斯维克签订。《里斯维克和约》标志着路易十四军事扩张政策的破产，动摇了法国在欧洲大陆的霸主地位。——译者注

第八章

除五大湖和密西西比河地区外，还有另外三个：冰冷荒凉的哈得孙湾、条件艰苦的纽芬兰海岸、新英格兰和阿卡迪亚的边界地带。在这些地方，英法两国互不相让，长期剑拔弩张。

之前我们已经讲过，英格兰在哈得孙湾的三座要塞（海耶斯堡、艾尔巴尼堡和鲁伯特堡）失陷了，只保有内尔森堡。战争后期，刚从阿卡迪亚和纽芬兰凯旋的德伊贝维尔进入了哈得孙湾，撞上了三艘英格兰武装商船。一番激烈的交火后，德伊贝维尔俘获了三艘商船，接着攻克了内尔森堡。就这样，整个哈得孙湾尽入波旁王朝的彀中。然而，随着《里斯威克和约》的签订，这一地区又归还英格兰了。

虽然阿卡迪亚是圣劳伦斯的门户，但长期以来不受法国人的重视；虽然它是一块宝地，但没有被视为美洲大陆新法兰西帝国的重要组成部分。阿卡迪亚的边境一直存在诸多争议。法国人坚称肯纳贝克河是阿卡迪亚的西部边界，并在肯纳贝克河口附近建了佩马奎德堡，要塞落成时就引发了争议。新英格兰人主张阿卡迪亚的西部边界圣克洛伊河，现在，缅因和新不伦瑞克正式以该河为界。虽然政府在某种程度上忽视了阿卡迪亚，但教会没有。肯纳贝克河和佩诺布斯科特河的阿布纳基斯人、圣约翰河的梅利亚人以及半岛的米克马克人，都深受传教士的影响。

前文已经提到，1690年，威廉·菲普斯大败魁北克前曾攻陷了罗亚尔港。不过，他没有派兵驻守。于是，他前脚刚走，法国人就卷土重来。阿卡迪亚新总督维勒邦为了避开来自马萨诸塞的威胁，就搬到了纳什瓦克河口新建的要塞，与现在的弗雷德里克顿隔河相望。在这里，他指挥印第安人向新英格兰边境的定居点发动了数次血腥的袭击。在这些袭击中，圣卡斯坦表现尤为突出。毫无防御能力的约克和奥伊斯特贝变成了一片废墟，随处可见妇女儿童流出来的鲜血。不过，威尔斯的居民击退了袭击者。在弗龙特纳克督军看来，这种野蛮的袭击行为是必要的，因为这既可以激励印第安盟友，也可以防止印第安盟友投靠英格兰。需要说明的是，加拿大人现在之所以以牙还牙，无所不用其极，是因为他们之前遭受了易洛魁人的血腥屠杀。不过，对于俘虏，他们是善待而不是虐待。后来，很多俘虏甚至都不愿被赎回去或交换回去。

1692年，新英格兰人在佩马奎德重新建起从前被印第安人摧毁的威廉亨利堡。新要塞是纯石结构，坚不可摧；它的一端伸向大海，不仅阻断了阿布纳基人沿岸的出行，而且给他们造成持续的威胁。过了几年，德伊贝维尔奉命率领两艘战舰去摧毁威廉亨利堡。德伊贝维尔

第八章

进入芬迪湾，准备接维勒邦和他的印第安士兵时，碰上了英格兰的两艘护卫舰和一艘波士顿的炮艇。一场海战随即打响。交战双方力量悬殊，但战斗异常激烈。一艘英格兰护卫舰遭受重创、即将下沉之际被俘获了，另外两艘在浓雾中逃脱了。胜利者的舰队开向佩马奎德，圣卡斯坦带领一群阿布纳基人乘独木舟紧随其后，去捣毁那座令人痛恨的要塞。威廉亨利堡的指挥官一开始对劝降嗤之以鼻，但圣卡斯坦暗示他，如果顽固抵抗，激怒印第安人，他们可什么都能做出来。于是，新英格兰人的态度软了下来。几发炮弹后，新英格兰人见识了德伊贝维尔大炮的威力，斗志全无，于是投降。德伊贝维尔护送走了俘虏，以免他们受到印第安人的报复，因为英军指挥官查布从前的背信弃义，令印第安人深恶痛绝。威廉亨利堡随后被夷为平地。

这次胜利后，法国人精心策划了夺取波士顿的计划。但由于各种延误和意外，计划最终不了了之。不过，德伊贝维尔仍然创造了辉煌战绩。他带着一小支武装力量航行到纽芬兰。当时（1696），法国人在纽芬兰只有一个殖民点——防御坚固的普莱桑斯湾殖民点。英格兰人除了在博纳维斯塔有一个哨站外，还在圣约翰有一个要塞和殖民点。殖民点的人们生活在海岸不设防的渔村里。德伊贝维尔和普莱桑斯总督布茹依兰联合行动，攻下了圣约翰，并付之一炬。后来，德伊贝维尔告别布茹依兰，率军在冬天的荒野上穿行。他们经过苦战，悉数摧毁了英格兰殖民定居点，只有博纳维斯塔和卡伯尼尔除外。春天来了，就在德伊贝维尔准备攻占剩余要塞时，他接到了前往哈得孙湾的命令。前文已经讲过他在哈得孙湾战斗中的表现。在北方建立赫赫战功后，德伊贝维尔[1]又把精力放到了南方，开发出路易斯安那殖民地。

根据《里斯威克条约》，威廉三世的地位得到了欧洲各国的认可，詹姆斯二世复辟的希望永远破灭了。英法两国必须归还战时占领的对方的土地。就殖民地而言，虽然八年的流血冲突并没有解决新世界帝国的根本问题，但人们的视野却拓宽了，终于看清了英法两国斗争的本质和焦点。现在，持久的和平不可能存在，除非其中一方成为这片大陆的主人。弗龙特纳克虽然去世了，但他的政策却为加拿大带来了巨大的胜利。他的继任者德·卡利埃与易洛魁人签订了和约[2]，后者也再没有给加拿大制造过严重的麻烦。渐渐地，南方和北方印第安

---

[1] 德伊贝维尔是土生土长地地道道的加拿大人。他是蒙特利尔查尔斯·穆瓦纳的儿子。穆瓦纳对加拿大贡献巨大，这其中又以他养育了十一个优秀的儿子为最。在这些儿子中，又以德伊贝维尔的声名最为显赫，他1661年生于蒙特利尔，1706年卒于古巴。——原注

[2] 指著名的《蒙特利尔和约》(*The Great Peace of Montreal*)。1701年8月4日，蒙特利尔总督德·卡利埃代表法国与一千三百位易洛魁代表签署，从此，法国与易洛魁人之间的河狸战争告一段落。——译者注

第八章

部落臣服了法国。这种局面的形成，离不开弗龙特纳克的努力。当然，德·卡利埃也贡献良多，功不可没。

第四节　西班牙王位继承战争
　　　　　新英格兰终获阿卡迪亚

《里斯威克条约》带来的和平只维持了五年。1702年，史上著名的"西班牙王位继承战争"[①]爆发。为了确定王位继承人，法国和西班牙结盟，与英格兰、奥地利和荷兰开战。本质上，这就是一场争夺新世界主导权的殖民战争。路易十四希望他的孙子安茹的菲利普继承西班牙王位。这样一来，美洲巨大的贸易垄断利润就由法国和西班牙共享了。而且两国联手，实力大增，很可能摧垮英格兰殖民地的商业和英格兰本土兴起的海上贸易。因此，这表面上是一场王位继承战争，实际上是一场商业战争。西班牙王位问题是一个关乎英格兰人钱袋

---

① 1700年，西班牙国王卡洛斯二世驾崩，无嗣。历史上，西班牙王室与奥地利王室频繁通婚，而且多为近亲结婚。结果，一种致命的遗传病在西班牙王室泛滥成灾。于是，卡洛斯二世生前立下遗嘱，他驾崩后，西班牙王位由他的甥孙，也就是路易十四的孙子安茹的菲利普继承。然而，奥地利的哈布斯堡王室也具有西班牙王位的继承权。1701年，战争爆发。很快，战争就扩大化了，大部分欧洲国家都卷入了。战争持续了十三年，于1714年结束。这场战争终结了法国独霸欧洲的格局，动摇了西班牙的欧洲大国地位。——译者注

子的问题。英格兰及其盟友反对安茹的菲利普上台，支持与路易十四有仇的奥地利大公查理①继承西班牙王位。在欧洲战场上，英格兰马尔伯勒公爵②打赢了布伦海姆战役、拉米伊战役、奥德纳德战役和马尔普莱克战役，这同时是新世界帝国的胜利，好像这些战役发生在北美大陆的圣劳伦斯、圣约翰和哈得孙一样。

然而，在美洲，战争的主要形式是突袭和奇袭，法国人称之为"游击战"。譬如，法国的私掠船捣毁海岸上的英格兰殖民定居点，狂暴的老清教徒本·丘奇率领马萨诸塞的捕鲸船骚扰芬迪湾附近的阿卡迪亚村落……英格兰的殖民地经济繁荣，人口增长迅速，但它们缺乏联合行动，势单力薄，不堪一击。虽然一项联合行动计划提了出来，也得到了英王威廉三世的大力支持，但各殖民地从一开始就互相忌妒和猜疑，致使计划难以落实。在阿卡迪亚，纳什瓦克堡失去了战略地位，罗亚尔港再次成为首府。西班牙王位战争初期，波士顿又派了一支舰队攻打罗亚尔港，因为罗亚尔港是法国私掠船的老巢，而法国私掠船是英格兰人贸易的重要威胁。最后，英格

---

① 后登基为神圣罗马帝国皇帝，称"查理六世"。——译者注
② 马尔伯勒公爵，名为约翰·丘吉尔（John Churchill，1650—1722），英格兰名将，曾参加九年战争（Nine Years' War，1688—1697）和西班牙王位继承战争。尤其是在西班牙王位继承战争中，他率领盟军多次重创法国一方，大大加快了战争的结束。——译者注

马尔伯勒公爵取得布伦海姆战役的胜利。罗伯特·亚历山大·赫里富特（Robert Alexander Hillingford，1828—1904）绘

马尔伯勒公爵指挥盟军鏖战拉米伊。扬·冯·胡赫腾堡（Jan van Huchtenburg，1647—1733）绘

马尔伯勒公爵进入奥德纳德战场。约翰·伍顿（John Wootton，约1682—1764）绘

马尔普莱克战役胜利后,马尔伯勒公爵进入法军阵地。
路易·拉盖尔(Louis Laguerre,1663—1721)绘

第八章

兰人大败而归。1703年，德·卡利埃去职，菲利普·沃德勒伊①侯爵继任加拿大督军。他派赫泰尔率领一支由法国人和印第安人组成的大军经过艰难跋涉，走过荒漠，突袭了毫无防备的梅里马克镇黑弗里尔村。无情的大屠杀再次上演，众多妇女儿童惨死在斧头之下。大量俘虏和战利品被送回了魁北克。

法国人的暴行激起了英格兰殖民地强烈的愤怒。为消心头之恨，新英格兰人打算占领加拿大。与前几次远征一样，新英格兰人计划兵分两路：一路由水路攻魁北克，另一路由陆路攻蒙特利尔。新英格兰人准备进军的消息传到加拿大后，为了粉碎敌人的图谋，菲利普·沃德勒伊决定围魏救赵，攻打纽约。不过，双方的目标都无果而终。新英格兰人本应从英格兰驶往魁北克的战舰，最后时刻却被派去攻打西班牙；本应攻打蒙特利尔的部队到达尚普兰湖后就停下了前进的步伐。一方面，易洛魁人再次撕毁盟约，不肯援助英军；另一方面，一场传染病削弱了英军的战斗力，于是，兵无战心。菲利普·沃德勒伊的远征军的情况也好不到哪里去，还没到新英格

---

① 菲利普·沃德勒伊（Philippe Vaudreuil，约1643—1725），法国骑士、政治家。他生于靠近卡斯泰尔诺达里的沃德勒伊城堡，是沃德勒伊男爵的第二个儿子。1699年任蒙特利尔总督，1703年到1725年任新法兰西督军，卒于魁北克城。值得一提的是，1723年，他在蒙特利尔兴建了与自己出生地同名的沃德勒伊城堡。——译者注

兰边境，有的人当了逃兵，有的人不服从命令，于是，军心涣散。

现在，英属北美殖民地彻底警醒了。1709年，弗朗西斯·尼科尔森[①]上校带领一支由英国[②]舰队和殖民地士兵组成的部队前去攻打魁北克。一切准备就绪后，冬天马上要来了，如果进攻魁北克，舰队有可能会被冰封在水面上，但进攻阿卡迪亚却没有问题。这时，罗亚尔港的守将是苏博凯斯，虽然他骁勇善战，但他的防御和供给都遇到了很大问题，尤其是军火物资，几乎为零。当弗朗西斯·尼科尔森的舰队出现在港口时，尽管苏博凯斯知道他没有胜算，但还是率军英勇地抵抗。最后，为了保护饥肠辘辘的守军，他才投降。敌人战旗飞扬，军鼓铿锵，军号齐鸣。这时，苏博凯斯带着破衣烂衫的士兵走出了要塞。从此，罗亚尔港永远落入英国之手。

---

① 弗朗西斯·尼科尔森（Francis Nicholson，1655—1728），英国军官，英属北美殖民地的重要官员。安妮女王战争和西班牙王位继承战争期间，他计划远征新法兰西，但没有成行。1709年10月2日，机会来了，他指挥英军攻克了法属北美殖民地重地罗亚尔港。后来，他担任南卡罗来纳殖民地第一位总督。1728年，他孤老于伦敦。——译者注

② 历史上，英格兰、苏格兰和爱尔兰是三个主权独立的国家。1707年，英格兰与苏格兰合并，称"大不列颠王国"；1801年，大不列颠王国与爱尔兰合并，称"大不列颠与爱尔兰联合王国"。1921年，爱尔兰南部独立建国，1927年，大不列颠与爱尔兰联合王国改称"大不列颠与北爱尔兰联合王国"，也就是当今的英国。因此，1707年英格兰与苏格兰合并前，英国是不存在的；之后，英国才登上历史舞台。——译者注

第八章

为了纪念安妮女王①，弗朗西斯·尼科尔森将罗亚尔港更名为安纳波利斯。他修复了防御工事，留一支劲旅驻守。弗朗西斯·尼科尔森刚走，凶猛的丛林人圣卡斯坦就率领印第安大军包围了安纳波利斯。不过，新英格兰人挺过了这次艰难的时期。最后，精疲力竭的印第安人灰溜溜地撤走了。

占领阿卡迪亚后，弗朗西斯·尼科尔森又将目光投向了魁北克。这时，在欧洲大获全胜的英国可以向北美派兵了。马尔伯勒公爵麾下战斗力强悍的七个军团被派往北美战场。在奥德纳德战役和拉米伊战役中，它们表现神勇。大军统一由约翰·希尔将军指挥。运送大军的船由霍弗登·沃克将军率领的十五艘战舰护航。最后，这支战绩辉煌的大军在波士顿驻扎下来。不久，详细的作战方案出炉了。像往常一样，英国人在哈得孙组织了一支大军，准备进攻蒙特利尔。战争已不可避免，新法兰西不得不针锋相对了。菲利普·沃德勒伊加固了魁北克的防御工事，将战斗经验丰富的部队驻扎在尚布利堡，从而保护蒙特利尔。万事俱备，只待敌来攻。然而，敌

---

① 安妮女王（Queen Anne, 1665—1714），她是詹姆斯二世之女，威廉三世的小姨子。1702年，威廉三世驾崩，她继承王位，成为斯图亚特王朝最后一位君主。1714年，安妮女王驾崩，无嗣。英国议会请汉诺威选帝侯路德维希继位，汉诺威王朝开始。路德维希是詹姆斯一世的外孙女索菲亚之子。詹姆斯一世是詹姆斯二世的祖父。——译者注

人并没有进攻。霍弗登·沃克将军固执无能，水文环境对他的舰队不利。进入圣劳伦斯河后，霍弗登·沃克将军不听领航员的提醒，指挥舰队来到离北岸很近的地方。在艾格群岛致命的暗礁和浅滩中，八艘高大的战舰毁于一旦。不久，战舰的残骸和英军的死尸就覆盖了荒凉的河岸。霍弗登·沃克被眼前的灾难吓呆了，急忙带着残余的战舰逃回了英国。于是，加拿大的所有教堂里又洋溢起摆脱兵燹后的喜悦（1710）。

霍弗登·沃克从波士顿出发几周后，弗朗西斯·尼科尔森率领地面部队从艾尔巴尼堡出发了。然而，到达尚普兰湖时，霍弗登·沃克失败的消息传来了。弗朗西斯·尼科尔森只好沮丧地收兵回营。三年后，也就是1713年，《乌得勒支条约》不仅标志着和平来临了，而且标志着英国的势力大大增强。通过与西班牙签署《阿西恩托协定》，英国可以分享西班牙在美洲的巨大贸易利益①。英国从法国那里得到了阿卡迪亚、纽芬兰、哈得孙湾以及西印度群岛中富饶的圣克里斯多夫岛。法国只保留了阿卡迪亚的布雷顿角岛（当时称罗亚尔岛）和圣劳伦斯湾中岛屿（包括现在的爱德华王子岛）的主权，

---

① 其中，最有利可图的非奴隶贸易莫属。开始从事这种罪恶的贸易时，英国并不像它的邻国那般残暴。因此，文明世界的眼睛没有发现这种贸易有违人性。——原注

《乌得勒支条约》签订。
绘者信息不详

以及在纽芬兰部分海岸的渔权。最后，命运要开始选择它青睐的一方了。

第五节 休养、发展及西部扩张

大不列颠从未如此强大过。在欧洲，它可以俯视列强；在美洲，它可以入侵新法兰西。即便如此，有人仍然认为，北美大陆的未来属于法国，不属于英国。他们的理由是：海湾地区的门户——布雷顿角是法国的；圣劳伦斯河和密西西比河——两条开阔的水道是法国的；大西洋中的诸多岛屿以及五大湖地区是法国的；具有无限可能的西部地区是法国的。未来是公平的，如果有朝一日法国人重新夺回了宝贵的半岛，并用神奇的方法赢得了阿卡迪亚的民心，那么北美大陆属于法国就没什么值得奇怪的了。

西班牙王位继承战争初期，加拿大著名的勇士、皮货商拉莫特·凯迪拉克在底特律建了一个要塞，扼守伊利湖和休伦湖。底特律堡不仅奠定了法国在五大湖区霸主地位的基础，而且确保了圣劳伦斯水道和密西西比水道之间的畅通。底特律堡成为英国人及其结盟部落的眼中钉。因此，许多年来，双方冲突不断。法国人意识到，只要坚守底特律堡，加拿大和路易斯安那之间就能畅通

第八章

无阻。不过，随着《乌得勒支条约》的签订，加拿大其他地区获得了一段较长时期的和平，从而迅速发展。其间，魁北克的居民达到了近七千人，蒙特利尔的居民达到三千人，加拿大其他地区共有居民约一万六千人。

现在，法国人守着海湾入口，牢牢地控制着布雷顿角岛。普莱桑斯湾的居民被安置到了布雷顿角岛。布雷顿角岛上有一个时称"英吉利港"的地方。他们在这里选了一片安全、宽敞的地方，建起了路易斯堡。关于路易斯堡还有一段逸事。为了确保路易斯堡的安全，大量的防御工事需要兴建，这些工事由当时著名的工程师塞巴斯蒂安·沃邦设计。巨额资金投入了，大量劳力付出了，防御工事终于建起来了。路易斯堡非常坚固，被誉为"美洲的敦刻尔克[①]"。很快，路易斯堡成为法国私掠船在大西洋西岸的大本营，它不仅一直威胁着英国的殖民地，而且严重影响着阿卡迪亚的安全，因为一方面它向阿卡迪亚人开放市场，另一方面阻止他们接受英国的统治。看到法国如此强大的要塞，阿卡迪亚人不禁认为，阿卡迪亚会重新为法国人所有。

在这段时间里，英国人在阿卡迪亚的殖民开发没有任何进展，这里实际上仍然是一个法国的省。英国人控

[①] 敦刻尔克是法国东北海岸的著名军用海港，路易十四加固其防御工事后，被公认为坚不可摧。——原注

制的安纳波利斯，也就是之前的罗亚尔港，是法国统治时期历任阿卡迪亚总督的住地。半岛最东端的坎索有一个渔港。阿卡迪亚人在海边开垦出来的肥沃的土地上生活。安纳波利斯河沿岸、米纳斯盆地以及连接新斯科舍和大陆的半岛上都有阿卡迪亚人的定居点，这些定居点人口密集。阿卡迪亚人跟路易斯堡的关系更近，始终拒绝效忠英国王室，除非英国人答应永远不迫使他们与法国为敌。虽然他们声称自己是中立的，但实际上在来自魁北克使者的影响下，他们经常暗中帮助路易斯堡的印第安人和法国人。就在这时，那些不愿意接受英国统治的阿卡迪亚人来到土壤肥沃的圣约翰岛[①]。

经过菲利普·沃德勒伊的长期治理，加拿大发展迅速。居民们种植亚麻和黄麻，最后做成粗糙的衣服。尽管皮货贸易仍然是殖民地的经济支柱，但人们已经开始关注获利颇丰的海岸渔业了。随着造船业蓬勃发展，加拿大与西印度群岛的木材、鱼油和猪肉交易量大幅上升。然而，加拿大的移民几乎没有增加，新移民一般都到了英国殖民地。因此，加拿大人口增长非常缓慢。法国和英国之间的激烈竞争一如既往，但多用谋略，没有爆发流血冲突。法国传教士得到塞内卡族人的认可后，又在

---

① 今爱德华王子岛。——原注

第八章

尼亚加拉建了一个要塞。不过，纽约方面认为，建要塞的地方属于英国。于是，为了钳制法国，纽约总督威廉·伯内特[①]针锋相对，在奥斯韦戈也建了一个要塞。

1725年，菲利普·沃德勒伊去世，查理·博阿努瓦[②]侯爵继任新法兰西督军。他把注意力转移到阻止英国殖民地扩张方面。他不允许任何英国殖民者越过阿勒格尼河建造房屋。为了阻止那些顽固不化的开拓者进一步向北扩张，博阿努瓦在尚普兰湖上游建了一个坚固的要塞，即著名的克朗波因特要塞。

在这段漫长的和平时期，其实，加拿大史上浓墨重彩的一笔当属德·拉·沃仁德耶[③]对西北地区的开发了。1731年，德·拉·沃仁德耶带着三个儿子、一位勇敢的传教士以及几个精挑细选的丛林人从密西里麻金克出发，望西而行。从前，印第安人跟他讲过壮美的奥依尼邦湖的故事。于是，探查奥依尼邦湖便成了德·拉·沃仁德耶此行的目标。他们交替划船，穿过苏必利尔湖西

---

① 威廉·伯内特（William Burnet，约1687—1729），英国殖民地官员，担任过纽约总督、新泽西总督、马萨诸塞总督和新罕布什尔总督。英王詹姆斯三世是他的教父，牛顿是他的老师。1729年，他的马车侧翻，将他甩进了河里。他因此染病，不久去世。——译者注
② 查理·博阿努瓦（Charles Beauharnois，约1671—1749），法国海军军官，1725年到1746年任新法兰西督军。——译者注
③ 德·拉·沃仁德耶（de la Verendrye，1685—1749），法属加拿大殖民地军官、皮货商人和探险家。他是法国向北美大陆扩张的里程碑式人物。——译者注

查理·博阿努瓦。约翰·沃森（John Watson，1685—1768）绘

第八章

北的一片荒凉水域。1732年夏,他们抵达了另一个大湖。德·拉·沃仁德耶将之命名为"伍兹湖"。他们在湖边建了一个贸易站,称"圣查理堡"。他们与西北地区的易洛魁人发生了冲突。双方短兵相接,沃仁德耶的一个儿子被杀。他们从伍兹湖出发,顺温尼伯河的激流而下,终于抵达了他们此行的目的地——奥依尼邦湖。他们穿越激流,逆红河而上,最后在与阿西娜波音河交汇之处选址建起了一座鲁日堡。现在,大都市温尼伯就是在鲁日堡的基础上发展起来的。之后,德拉·沃仁德耶和儿子们继续探索新的地方。所到之地,无不兴建贸易站。他们来到曼尼托巴湖和温尼伯湖,逆萨斯喀彻温河而上,最后来到上游的河岔口。加拿大其他商人循着他们的足迹,尾随而至。于是,蒙特利尔和魁北克的皮货贸易更加繁荣了。1742年,沃仁德耶的小儿子航行至密苏里河。1743年1月1日,在宽阔、浑浊的大河上,他看到远处落基山脉耸入云霄的峰巅。加拿大其他的探险者也怀着热情深入北方,发现了阿萨巴斯卡河和皮斯河,并在两河的交汇处建起了奇佩维安堡。然而,这时,难得的和平走到了尽头,英法两国再次爆发了战争。

第九章

第一节 奥地利王位继承战争 佩珀雷尔夺取路易斯堡

这么长一段和平时期出现在欧洲，说明各国都需要休养生息。元气一恢复，英法两国就开始寻找能再次剑指对方的借口了。二十七年的和平岁月里，两国在新世界的竞争日益加剧，在争夺人口稠密的印度平原过程中摩擦不断。神圣罗马帝国查理六世的驾崩成为两国开战的导火索①。查理六世将奥地利王位传给了自己的女儿玛丽亚·特蕾莎。但根据《萨利克继承法》②，奥地

---

① 即奥地利王位继承战争。——译者注
② 《萨利克继承法》由法兰克国王克洛维一世汇编而成。其中规定，女性无土地继承权，后来演变为完全剥夺女性继承权。奥地利王位继承战争因此打响。——译者注

神圣罗马帝国皇帝查理六世。约翰·戈特弗里德·奥尔巴赫（Johann Gottfried Auerbach，1697—1753）绘

玛丽亚·特蕾莎。马丁·冯·米特斯（Martin van Meytens，1695—1770）绘

利的女性不能继承王位。然而，查理六世不顾该规定，公布了《国事诏书》，并获得欧洲大部分国家的同意。1740年，查理六世一驾崩，法国、西班牙和巴伐利亚就欲推翻玛丽亚·特蕾莎，支持巴伐利亚选帝侯查理·阿尔伯特[①]继位。不久，英国参战，支持玛丽亚·特蕾莎。英国这样做表面上非常仗义，但实际上却打着自己的小算盘，因为当时法国和西班牙一方面图谋摧毁英国的殖民地，另一方面想方设法打击英国的海上贸易。

新斯科舍首先爆发了战争。路易斯堡的守将路易·迪沙邦认为夺取半岛的时机已经成熟，于是就派迪维维耶带领一支一千人的大军往攻安纳波利斯。他们首先攻克了坎索。坎索的居民被押回路易斯堡，沦为阶下囚。安纳波利斯的兵力不强大，防御工事不坚固，但安纳波利斯最高长官保罗·马斯克林却英勇不屈。他派兵日夜坚守，敌人的攻势一再受挫。最后，迪维维耶恐吓马斯克林说，一支强大的舰队正从路易斯堡赶来，他们的重炮会将安纳波利斯炸成碎片，如果在舰队到来之前马斯克

[①] 查理·阿尔伯（Charles Alber, 1697—1745），是奥地利王位继承战争中的关键人物。在法国、西班牙等国的支持下，1742年2月24日，他继神圣罗马帝国皇位，称"查理七世"，与玛丽亚·特蕾莎为敌。1745年，驾崩前，他追悔莫及，立下遗嘱，要求后人放弃神圣罗马帝国皇位。玛丽亚·特蕾莎无限感慨，表示承认查理七世神圣罗马帝国皇帝的合法性，并与查理七世之子握手言和。——译者注

第九章

林能率部投降,他们便可免于一死。虽然新英格兰的军官有意投降,但保罗·马斯克林却坚持抵抗到底。劝降失败后,一天晚上,迪维维耶率部悄悄撤离了阵地。

为了反击敌人,新英格兰人果断决定夺取路易斯堡。做出该决定的是马萨诸塞总督威廉·雪利[①]。他是一位律师,不谙军事,意识不到自己的任务多么艰巨。不过,他的无知无畏反倒成了优点,命运永远青睐有胆识的人。威廉·雪利的计划能否成功实施,关键在于能否快速行动。一旦路易斯堡的防御加固,威廉·雪利就会功败垂成。雪利展现出非凡的组织才能。在很短的时间内,他就召集一支四千人的大军。大军主要由劳工和农民组成,虽然没有受过严格训练,但士气高涨。不久,舰队就开始远征了。舰队指挥官是威廉·佩珀雷尔。他能力卓越,很有声望,但没有任何战斗经验。这次复杂而艰险的远征就是他军旅生涯的起点。

远征军在坎索登陆,等待路易斯堡前的坚冰融化。海军准将沃伦接到联合作战的命令,带领四艘战舰赶来和威廉·佩珀雷尔会合。与威廉·佩珀雷尔商量后,沃伦率舰队出海,封锁了路易斯堡港口。1745年4月29日,

---

[①] 威廉·雪利(William Shirley, 1694—1771),英国殖民地官员,1741年到1749年、1753年到1756年两次担任马萨诸塞总督,1760年到1768年任巴哈马群岛总督。与法国争夺北美霸权的战争中,他充当了重要角色。——译者注

坚冰融化，威廉·佩珀雷尔开始行动。一艘艘帆船顺着风力，沿布雷顿岛海岸快速前行。4月30日清晨，路易斯堡的哨兵吃惊地发现，有一支奇怪的船队进入了加伯鲁斯湾，离路易斯堡只有五英里远。昨天晚上举行了一场舞会，将士们刚睡下，惊人的消息就传来。顿时，警报声大作，城墙上响起了隆隆的炮声。要塞守将路易·迪沙邦带着一百五十人冲出城去，想阻止敌人登陆。然而，新英格兰人以迅雷不及掩耳之势冲上岸。势单力薄的法国人无法抵挡，被迫退回要塞。夜幕降临前，两千士兵全部登陆。在路易斯堡前，威廉·佩珀雷尔的大军扎起了营寨。

不过，路易斯堡的防御固若金汤。一位法国军官曾说，一支女人组成的队伍就可以抵抗任何对路易斯堡的进攻。要塞建在一片多岩山脊的低平地段。山脊突入大西洋中，位于港口和加伯鲁斯湾之间。路易斯堡后面遍布沼泽，军队和大炮难以通过。抵御来自陆地和海上进攻的炮台环列着重炮。海港入口处设有著名的艾兰德炮台，港口内设有格兰德炮台。要塞里驻扎着一支一千三百人的劲旅，由英勇善战的迪沙邦指挥。要塞外埋伏着一支由法国人和印第安人组成的大军。这支大军去攻打安纳波利斯了，刚撤回来不久，严重威胁着英军的后方。

第九章

　　攻克坚固的路易斯堡，击溃身经百战的守军，任务之艰巨，可想而知。现在，光荣的任务落到这支没有战斗经验的新英格兰军队及其平民指挥官身上了。虽然沃伦的舰队没有向要塞开火，但封锁港口的任务也是非常重要的。最后，沃伦俘获了路易斯堡一艘重要的供给船"警戒"号，缴获了六十门大炮。辉煌的胜利必将属于新英格兰人。

　　威廉·佩珀雷尔的大军一登陆，就强行穿过了加伯鲁斯湾和要塞之间的沼泽，然后架起大炮不停地轰炸要塞。密集的炮弹纷纷落向要塞里的街道。暴露在港口的格兰德炮台一开始就被新英格兰人夺取，这是上天对勇敢者的奖赏。结果，对付敌人的大炮掉转了方向，开始猛轰要塞，重创了法军。新英格兰人架起大炮的地方非常开阔，很容易遭到法军的攻击。为了避开要塞里密集的火力，他们在夜里完成了架炮作业。现在，舰队要想驶入港口，必须占领艾兰德炮台。于是，新英格兰人在灯塔附近筑起了工事。最后，英国的大炮在距艾兰德炮台西门二百五十英尺的地方架了起来。密密麻麻的炮弹打在艾兰德炮台面向陆地一侧的墙体上。虽然艾兰德炮台的守军拼命突围，但以失败告终。经过炮弹的持续轰炸下，墙体终于倒塌，艾兰德炮台变为一片废墟。

　　第一次劝降时，路易·迪沙邦拒不接受。但当他听

威廉·雪利。托马斯·哈得孙（Thomas Hudson, 1701—1779）绘

路易斯堡之战中,威廉·佩珀雷尔的大军登陆。
F. 斯蒂芬（F. Stephen,生卒不详）绘

说"警戒"号已被俘获；当他看到守军伤亡惨重，城墙倒塌；当他看到配有五百门大炮的舰队正准备驶入港口；当他看到不知疲倦的新英格兰人继续发动攻击；他升起了白旗，无条件投降。新英格兰人佩服他的英勇，允许他率部离开要塞。

占领路易斯堡后，威廉•佩珀雷尔设宴庆功。他麾下的军官们对战俘和路易斯堡的百姓非常友善。据统计，包括守军在内路易斯堡近五千人。这些人都被送回了法国。威廉•佩珀雷尔和沃伦都受到嘉奖，前者获赐男爵，后者晋升为海军上将。胜利的歌声响彻新英格兰大地，而加拿大则在遭到始料未及的打击后沮丧极了。

第二节　法国换回路易斯堡
　　　　边境争议不断

对法国来说，失去路易斯堡是难以接受的。唐维尔公爵在罗谢尔迅速召集了一支能征善战的军队，配有三十九艘战舰和许多物资运输船，意欲夺回路易斯堡和新斯科舍，摧毁波士顿，占领新英格兰。消息传来后，新英格兰人非常惊恐。加拿大派出了一批精明强干的丛林人潜入新斯科舍，准备与唐维尔公爵会合后一起行动。不过，命运没有眷顾唐维尔公爵。他的舰队离开法国海

第九章

岸不久,其中两艘战舰就被英国人俘获。接着,连日的风暴打散了他的舰队。最后,他带着两艘战舰进入切不克托湾。这时,他发现只有一艘战舰在等他。在难以名状的屈辱中,他中风了。从此,他一卧不起。湿热病导致大幅减员。就在这时,海军上将德埃斯图内勒率领其他战舰赶了过来,接过了指挥权。然而,命运同样没有眷顾他。他得了精神病,恍惚中用剑将自己刺死。雅克·容基耶尔[①]是一名杰出的海军军官,原是去魁北克赴督军任的,这时他临危受命,接过了指挥权。后来,其他失散的战舰陆续进了切不克托湾。容基耶尔打算首先占领安纳波利斯。然而,前往安纳波利斯的途中,舰队又遇上了风暴。风暴再次打散了舰队。法军士气大挫,容基耶尔不得不悻悻地回了法国。但加拿大远征军却取得了一场印第安式的血腥、恐怖的胜利。格兰特普里住着一批新英格兰人,这里的守将是亚瑟·诺贝尔上校。加拿大人远征军夜袭了他们。最后,八十个尚在睡梦中的人身首异处。

唐维尔公爵的远征军是法国派往美洲的一支劲旅,但却饱受屈辱,无果而归。不久,法国任命容基耶尔为指挥官,调集军队往夺路易斯堡。然而,雅克·容

---

① 雅克·容基耶尔(Jacques Jonquière,1685—1752),法国陆军元帅,1749 年到 1752 年任新法兰西督军。——译者注

基耶尔的运气依然不好。在比斯开湾的菲尼斯特雷角,他的舰队碰到了乔治·安森率领的英国舰队,毁于一旦(1747)。雅克·容基耶尔被俘,去魁北克赴任督军又成泡影。

菲尼斯特雷角战役后,《亚琛和约》[①](1748)带来了和平。虽然欧洲的其他国家已经厌倦了战争,但英法两国很清楚,一旦赢得战争,就意味着在建立殖民帝国和发展殖民经济的过程中抢得先机。因此,这次和平是短暂的。现在,路易斯堡成为和平能否实现的焦点。在欧洲,法国取得了胜利。在印度,法国从英国夺取了富裕的马德拉斯[②]。然而,在北美,法国败了,而且这一败抵消了所有的胜利。这时,英国受内战所困,正在镇压查理·爱德华·斯图亚特[③]起义。为了重新拥有路易斯堡,法国不仅准备让出印度的马德拉斯,而且不惜放弃在欧洲的既得利益。最终,遥远的布雷顿岛为英国换回了珍贵的和平。然而,这引起洒了鲜血、耗了财富才占领路易斯堡的新英格兰人的不满。虽然母国补偿了他们巨款,但却抚平不了他们心里的伤痛。

---

① 《亚琛和约》是奥地利王位继承战争的终战和约。——译者注
② 即马德拉斯战役(Battle of Madras)。——译者注
③ 查理·爱德华·斯图亚特(Charles Edward Stuart, 1720—1788),詹姆斯二世侄孙,詹姆斯党人领袖。1745年,在他的领导下,詹姆斯党人起义(Jacobite Uprising)爆发,目标是想要推翻汉诺威王朝统治,重新夺回英国王位,复辟斯图亚特王朝。——译者注

乔治·安森。托马斯·哈得孙绘

菲尼斯特雷角战役。塞缪尔·司各特
（Samuel Scott，1702—1772）绘

1746年9月,马德拉斯战役打响,英军不敌,向法军投降。
雅克·斯韦巴克(Jacques Swebach,1769—1823)绘

《亚琛和约》签订后的八年（1748—1756）岁月里，英法两国形式上维持着和平。但在美洲大陆，边境争议一如既往，加拿大与阿卡迪亚存在争议的边境上几乎没有一点儿和平的气氛。印度也是如此，所谓的和平名存实亡。罗伯特·克莱夫[1]和约瑟夫·迪普莱[2]好战，好像他们各自效忠的政府正处于交战状态一般。美洲大陆上，冲突主要集中在新斯科舍和俄亥俄流域。虽然阿卡迪亚已经割让给英国，但其范围实际包括哪些地方却悬而未决。雅克·容基耶尔被囚期间，活跃于政坛的加利索尼耶尔任新法兰西督军。他坚持认为，割让给英国的阿卡迪亚仅指新斯科舍半岛，不包括新不伦瑞克和东缅因。于是，他不顾英国的抗议，坚持主张希格内克托湾和圣约翰河一带的主权。他向法王路易十五建议，沿阿勒格尼河安置一万名强悍的法国人，阻止英国人西进。然而，法王路易十五认为，刚结束的战争已经使法国人口锐减，所以没有支持他的计划。建议被否后，加利索尼耶尔派

---

[1] 罗伯特·克莱夫（Robert Clive，1725—1774），一代雄杰。在他的领导下，东印度公司在孟加拉确立了霸主地位。他与沃伦·黑斯廷斯一起成为英属印度殖民地建立的关键人物。——译者注

[2] 约瑟夫·迪普莱（Joseph Dupleix，1697—1763），1741年到1754年任法属印度殖民地督军，罗伯特·克莱夫的死敌。他曾积极干涉印度卡纳蒂克和海德拉巴的王位继承战争，支持法国傀儡反对英国势力，在印度南部增强了法国的势力。虽然他的努力从某种程度上削弱了英国在印度的扩张势头，但遗憾的是，法国的国势正在走下坡路，最终英国在印度的势力赶超法国，并成为印度的霸主。——译者注

第九章

比安维尔去划定边界。比安维尔用金属板制成许多边界标志牌,上面刻有宣誓主权的法文,每隔一定距离的树木之下就插有一块这样的金属板。最后,边界线环俄亥俄流域,一直通向阿勒格尼河。宾夕法尼亚的英国殖民者首先感受到金属板的"威力"。当法国人通知他们不可再在西部山地贸易时,他们怒不可遏,因为俄亥俄流域是他们的发财福地。为了赶走英国人,比安维尔很快就在阿勒格尼河上建起了韦南戈堡。最后,英法使团在巴黎谈判,全面讨论了边境纠纷问题。谈判始于1750年,持续到1753年时,英国单方面退出了议而不决的谈判,准备通过武力解决了。

雅克·容基耶尔获释后,1749年,他取代了加利索尼耶尔,出任新法兰西督军。从此,新法兰西政府走向腐败,一方面令加拿大蒙羞,另一方面大大加快了法国在北美大陆统治的覆灭。雅克·容基耶尔的政治热情就是通过权力敛财牟利。他不仅欺骗了加拿大,还欺骗了法王路易十五。为了捞钱,他滥发酒类贸易许可证。最后,加拿大酗酒成风。他拿到了开发西部的资金,但却将之用到了皮货生意上,获取了巨额的利润。百姓的怨声终于传到了法国。就在他必须对自己的所作所为做出交代时,这位老先生及时地咽了气,逃过了法庭的审判。迪凯纳侯爵继任新法兰西督军。然而,雅克·容基耶尔树立了坏榜样，后继者纷纷效仿。于是，一批厚颜无耻、巧取豪夺的官员粉墨登场了，加拿大深受其害，我们在后面章节会看到。

第三节　英国加强新斯科舍防御

我们再把目光从俄亥俄流域转向东部，看看发生在新斯科舍的哈利法克斯战役。为了确保据点的安全，英国采取了两个关键措施：第一，建哈利法克斯城（1749）；第二，驱逐阿卡迪亚人（1775）。关于后一点，历史学家和小说家给予强烈的谴责。

英国人认为安纳波利斯不适合做新斯科舍的首府。于是，《亚琛和约》签订不久，他们打算沿美丽的切布克托湾建立一个新城。一直以来，切布克托湾都是战略要地。历史上，只要出现穿越大西洋、探索新世界的航海远征，船队就会在切布克托湾集结。建城的想法传到伦敦后，政府为有意定居新城者提供了非常优厚的条件。这些有意定居者包括退休官员、退伍士兵和水手、机械工、农民等。政府向他们免费提供了土地、武器、生产生活用具、一年的生活补贴，并且设置了代表他们利益的行政机构。他们可以像在家乡一样生活。新城得名"哈

第九章

利法克斯"，爱德华·康沃利斯[①]任总督。在英王乔治二世恩赐的巨大优惠条件吸引下，许多百姓自愿移民。1749年6月21日，爱德华·康沃利斯乘军舰"斯芬克斯"号驶入了切布克托港，紧随其后的是载有两千五百多人的十三艘大船。他们将去建设哈利法克斯。整个夏天，这片荒野上充斥着锤子斧头叮叮当当的敲打声。怀有敌意的印第安人密切监视。秋天到了，这座新城已经建起了三百所房子、一个栅栏和两个要塞。栅栏和要塞用于防守。一支部队奉命入驻新城，不久赶走了芬迪湾北岸的法国人。爱德华·康沃利斯召集阿卡迪亚人开会，要求他们宣誓效忠英王。他平静地警告阿卡迪亚人，如果他们再次拒绝，将会被英王视为敌人，失去现有的土地，当然，现在改变主意还来得及。这些心存执念的阿卡迪亚人并未被说服，而是嘟囔着回了自己的家园。就在哈利法克斯快速建设、发展时，其他国家的移民纷至沓来，他们在切布克托港另一侧建起了达特茅斯。英国政府的热情投入，一方面使这一地区焕发出勃勃生机，另一方面吸引来一大批勤俭的德意志农民。后来，他们在哈利法克斯以西另一个美丽的海港上建成了卢嫩堡定居点。

[①] 爱德华·康沃利斯（Edward Cornwallis，1713—1776），出身于英国名门康沃利斯家族。他是镇压詹姆斯党人起义的急先锋，哈利法克斯城建设期间的关键角色，后担任新斯科舍总督（1749—1752）。——译者注

营建哈利法克斯城。查理·威廉·杰弗里斯绘

爱德华·康沃利斯。约舒亚·雷诺兹（Joshua Reynolds，1723—1792）绘

哈利法克斯的建立，无异于向法国做出了庄严宣告：新斯科舍已经永远归英国了。然而，法国非但没有绝望，反倒谋求复兴，于是竭力教化从魁北克到路易斯堡的阿卡迪亚农民，以便他们效忠法王。不过，阿卡迪亚教区的许多神父不愿沦为政治斗争的牺牲品，纷纷忠告信徒们要服从他们得以生存的当地政府。当然，有些神父没有那么多顾虑，甚至可以说深爱着故国。其中，最著名的人物当属传教士阿贝·路特了，他是舒贝纳卡迪的米克马克传教所的神父。他对信仰虔诚，对政治热衷。与当时正在加拿大敲骨吸髓的腐败官员相比，他对法国忠贞不二。为了夺回法国属地的主权，他时刻准备战斗，不惜牺牲自己和他人的生命。他的战术思想是打伏击和搞夜袭，就像在与印第安人作战时加拿大和新英格兰学到的那样。为了打击哈利法克斯、达特茅斯和卢嫩堡等殖民定居点，阿贝·路特发动了一系列伏击和夜袭。于是，野蛮、血腥的边境战争再次上演了[1]。阿卡迪亚人也都吓怕了，凡是遭到他怀疑倾向英国的，就会被逼效忠法国。最后，他带领一大批人离开舒适的家园，历尽千辛万苦来到海湾北部的新土地上定居。在魁北克的法

---

[1] 其中最著名的就是达特茅斯大屠杀。1751年早春的一个晚上，印第安人和经过一番伪装的阿卡迪亚人突袭了这座新落成的村庄，屠杀了许多还在睡梦中的人，其他人悉数沦为俘虏。哈利法克斯的守军在看到火光、听到哭喊声后，飞驰而至。然而，突袭者早已逃之夭夭。——原注

第九章

国统治者看来，胸怀壮志的阿贝·路特抵得上一个兵团，哈法利克斯总督爱德华·康沃利斯则悬赏一百英磅取他的项上人头。

法国所主张的加拿大和新斯科舍的边境是密西加施河的一条小支流，靠近希格内克托地峡的最南端。小河北岸的高地上，法国人建了一个要塞——博塞茹尔堡。博塞茹尔堡是阿卡迪亚人在饥一顿饱一顿的情况下竣工的，本该付给他们的工钱却流入了腐败官员的腰包。为了对付法国人，英国人在密西加施河对岸的布伯桑筑起了劳伦斯堡。布伯桑曾经是个繁荣的阿卡迪亚村庄。为了防止村民效忠英国，阿贝·路特和印第安人将之付之一炬。劳伦斯堡建造过程中，印第安人激烈地反抗了英国人，因为他们不希望英军在这里登陆。英军登陆的地方是密西加施河的南岸，被公认为英国领土，所以博塞茹尔要塞里的法军只是隔岸观望，没有干扰。然而，两军的忍耐和克制没有持续多长时间。因为两军都图谋蚕食对方，所以冲突不断发生，于是，界河里经常流淌着殷红的鲜血。

密西加施河畔还发生了一桩暴行。当时劳伦斯堡的守将是豪上尉。在阿卡迪亚人中，豪上尉的威信很高，这深深地引起神父阿贝·路特的反感。一天早上，一个正在劳伦斯堡放哨的士兵告诉豪上尉，有个法国军官好像在小河对面的博塞茹尔堡挥舞休战旗。于是，豪上尉立刻举着一面白旗，带着三四个士兵走向岸边一探究竟。然而，那个看似法国军官的人其实是身穿法军制服的舒贝纳卡迪的米克马克族的酋长，他身后的壕沟里埋伏着手握武器的族人。当豪上尉和士兵们走近时，这些印第安人忽然跳了出来。河畔枪声大作，豪上尉应声而倒，身受重伤。听说这次暴行后，博塞茹尔堡的法军指挥官科姆羞愤交加。他指控阿贝·路特是这次暴行的幕后推手，但阿贝·路特声称这都是印第安人一手策划、实施的，与他无关。

第四节　博塞茹尔堡失陷　　　　阿卡迪亚人遭驱赶

现在，可怜的阿卡迪亚人的日子越来越苦了。少数人屈服了英国，宣誓效忠英王乔治二世。一些人宣布保持中立，还有一些人听了阿贝·路特的话，暗中帮助实施暴行的野蛮人，甚至自身也加入了偷袭的队伍。新法兰西督军宣布：所有的阿卡迪亚人必须效忠法国，加入加拿大民兵武装，随时准备战斗。随后，新斯科舍总督

第九章

查理·劳伦斯①少校宣布:一旦发现已宣誓效忠英王乔治二世的阿卡迪亚人为法国卖命,将会被当作叛徒处死。受夹板气的阿卡迪亚人进退两难,十分痛苦,热切地盼着回归不受干扰的自由生活。然而,阿卡迪亚人的中立态度、对印第安人的恐惧以及对英国人忍耐限度的错误估计,最终给他们带来了毁灭性的灾难,因为他们顺从魁北克而不是哈利法克斯,这就犯了致命的错误。

1754年底,法国决定以博塞茹尔堡为据点入侵新斯科舍。消息很快传到英国人那里。新斯科舍总督查理·劳伦斯少校与年富力强的马萨诸塞州总督威廉·雪利商讨后,一致认为要先发制人,夺取博塞茹尔堡,将法国人赶出希格内克托地峡。威廉·雪利和查理·劳伦斯少校都觉得有必要迅速采取行动,因为他们心里很清楚,一旦法军进入新斯科舍,数以万计的阿卡迪亚人将归顺他们。威廉·雪利和查理·劳伦斯少校的计划天衣无缝,一支由新英格兰人组成的两千人队伍在波士顿集结,虽然他们拿着和征服路易斯堡时一样简陋的武器,但士气高涨。英国军官罗伯特·蒙克顿上校任主将,新英格兰上校约舒亚·温斯洛任副将。1755年6月1日,载着这

---

① 查理·劳伦斯(Charles Lawrence, 1709—1760),英国殖民地官员,先担任新斯科舍副总督,后升任总督。历史学家伊丽莎白·格里菲斯赞他为"干吏"。在他的领导下,"驱逐阿卡迪亚人"(Expulsion of the Acadians)事件发生了。——译者注

支大军的舰队停泊在博塞茹尔堡前的希格内克托湾。当时博塞茹尔堡的守将不是英勇的科姆,而是腐败无能的沃格尔。沃格尔不是保卫加拿大,而是骗取法王的俸禄。论勇气,他比阿贝·路特差太多,但论贪腐,阿贝·路特则望尘莫及。他顽固偏执,斑斑劣迹,我们将在后面的故事中讲述。

一听到英国船来了,沃格尔就召集周边的阿卡迪亚人来保卫博塞茹尔堡。他大约召集了一千五百人,安排三百人进要塞,加强守卫;命令其他人去丛林,使用伏击和夜袭战术,骚扰入侵者。新英格兰人没遇到任何抵抗就在密西加施河南岸登陆,并与劳伦斯堡的守军会合。经过激战,他们强渡密西加施河,占领博塞茹尔堡后一英里半山脊上的要塞。战斗了几天后,英军的战线又前推了不少。这时,迫击炮运到阵地上了,炮弹呼啸着射入要塞。法国大炮猛烈反击。博塞茹尔堡只是一面遭到了攻击,所以仍能自由出入大后方。路易斯堡遭到严密封锁。阿卡迪亚人获悉后,知道来自路易斯堡的救援断绝了,就心灰意冷了。最后,他们悄悄地离开了博塞茹尔堡,躲进了丛林,和家人团聚去了。英国人将大炮源源不断地运往阵地时,战役的结局就已经明朗。一枚英国的炮弹击穿了博塞茹尔堡炮塔的圆顶,炸死了许多正在吃早餐的军官。战斗瞬间就结束了。沃格尔在自己的

约舒亚·温斯洛（Joshua Winslow，1726—1801）。约翰·辛格尔顿·科普利（John Singleton Copley，1738—1815）绘

炮塔里尚且不能自保，就算他英勇了得，现在除了投降，也无可奈何了。他不顾阿贝·路特和其他军官竭力反对，举起了休战旗，将博塞茹尔堡拱手相让。英军同意博塞茹尔堡的法军像战士一样撤出要塞，前往路易斯堡，条件是他们承诺六个月内不再进攻英军。阿卡迪亚人战俘也被释放了，因为他们是被迫参战的，理应获得宽恕。就这样，博塞茹尔堡变成了英国人的要塞，并改名为"坎伯兰堡"。

博塞茹尔堡失陷后，阿卡迪亚人遭驱逐的惨剧发生了。博塞茹尔失陷前，那些抛弃新斯科舍家园的阿卡迪亚人被告知，只要他们宣誓效忠英王乔治二世，就可以返回家园，重获自己的财产。在制定政策时，英国人一向宽待阿卡迪亚人，目的是使阿卡迪亚人变为英王的顺民，从而在建设这个新领地时发扬他们勤劳和节俭的美德。虽然阿卡迪亚人被反复要求效忠英王乔治二世，但他们还是坚持中立，远离战争。在英国人的长期治理下，阿卡迪亚人生活安定、富足；与留在加拿大的阿卡迪亚人相比，他们还不需要交纳任何赋税。毫无疑问，如果阿卡迪亚人拥有自决权，他们定会欣然接受英国的统治，但法国的政策不允许他们自决。他们是天真的好国民，是政治斗争的牺牲品。经过法国政府竭力劝说、呼吁甚至威胁，阿卡迪亚人成为英国人的心头大患、潜在的危

第九章

险、家门口的敌人。虽然阿卡迪亚人宣称中立，但他们却暗中支援路易斯堡和博塞茹尔堡。他们等待着再次效忠法王的机会。对英国人来说，夺取博塞茹尔堡后，如果阿卡迪亚人仍然充满敌意，他们就得派重兵来此驻扎，但他们已无兵可派。于是，英国人的长期忍耐已经到了极限。现在看来，他们当时采取的措施极其残酷。不过，我们应该历史地判断是非，而不是用现在的标准去评判。我们要牢记，一方面边境战争本来就残忍，另一方面生存决定一切。英国人逐渐认识到，只有赶走法国人，新斯科舍才会真正为英国所有。当英法两国你死我活地争夺美洲大陆时，很难想象哪一方有意在纯粹的人道主义阵地上一较高下。

围攻博塞茹尔堡期间，新斯科舍总督查理·劳伦斯将米纳斯、格朗普雷和安纳波利斯等阿卡迪亚人主要居住地的头领召来，再次敦促他们效忠英国。然而，他们却固执地拒绝。查理·劳伦斯警告道，这是最后通牒，要么效忠英国，要么被驱逐。心怀侥幸的阿卡迪亚人把最后通牒当作了耳旁风。回家的途中，他们盲目地相信法国会伸出援手。极少数发誓效忠英国的人保住了财产，而根据严格的法令，其他人则会被驱逐。

法令很快就开始秘密地执行了。罗伯特·蒙克顿在博塞茹尔堡抓了近四百人，其他居民则逃到了野外。约舒亚·温斯洛上校急行军赶到格朗普雷，把村民都召集到小教堂里，宣布驱逐法令后，把他们全抓了起来。默里上尉以相同的方式抓了匹兹奎德的阿卡迪亚人。汉德约翰·菲尔德少校抓了安纳波利斯居民区的阿卡迪亚人。一些消息比较灵通的阿卡迪亚人及时逃跑了，有的跑进森林，有的渡过海湾去避难。当时，运输条件落后，因此，一个漫长的、残酷考验的季节来临了。当驱逐他们出境的船只到达时，他们被迫带着家人和可搬动的家产结队向海滨走去。供应食品的船只总也等不来，祷告和哀嚎此起彼伏，连绵不断。这种痛苦一直持续到12月。其间，一家人要尽可能地避免失散。如有可能，全村的人尽量集体撤走。一批批阿卡迪亚逃亡者推着吱吱呀呀的车，沿着红色的海岸前行。车里堆满了他们的财物。妇女们哭泣着随车而行，天真的孩子则抓着母亲的裙角向前踱着。一艘接一艘的船只从米纳斯、希格内克托和安纳波利斯驶出，将给英国人带来沉重负担的阿卡迪亚人送出了殖民地所在的海岸。遭驱逐的人数上升到了六千多。其中一艘船的工作人员在途中被控制了。最后，船开到了圣约翰。船上的阿卡迪亚人都逃往魁北克了。几百个起初就逃出来的阿卡迪亚人接应了他们。他们中有些人去了路易斯安那州，建立了一个独立的新殖民区。至今，他们的后代都能生动地描述大驱逐这件事。许多人对故

宣布驱逐阿卡迪亚人。查理·威廉·杰弗里斯绘

遭驱逐的阿卡迪亚人。他们被迫带着家人和可搬动的家产结队向海滨走去。绘者信息不详

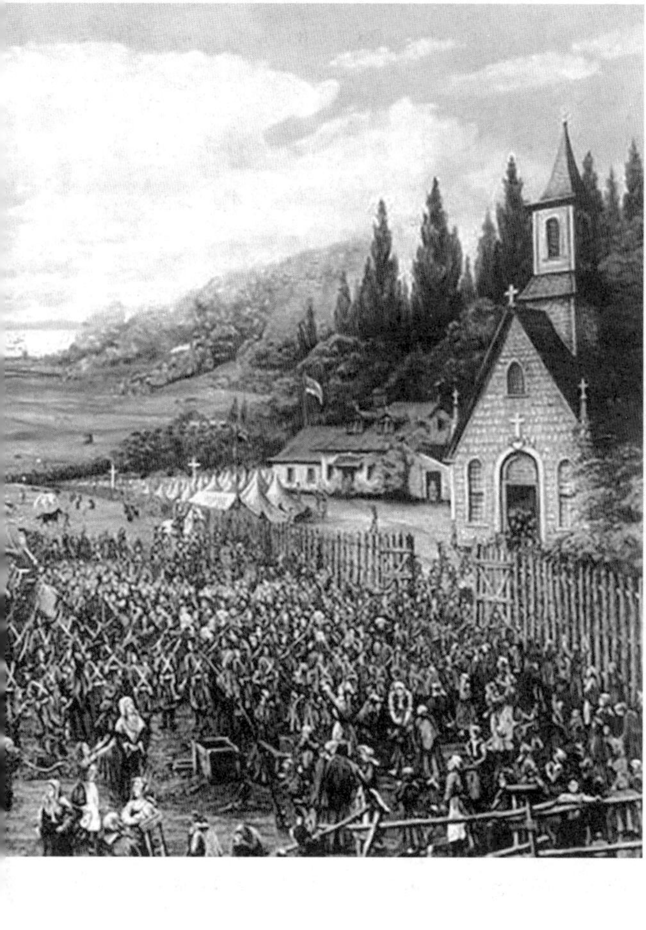

土难以割舍,后来又返回了阿卡迪亚。当时,局势已经安定了。他们艰难地定居下来。现在,新不伦瑞克和新斯科舍的主要人口就是他们的后代和当时少数接受英国统治的阿卡迪亚人的后代。经过这次大驱逐后,新斯科舍最肥沃的土地荒芜了。这里的英国总督千方百计地移入大批英国人口,但直到五年后,这片荒野才重新焕发了生机。

第五节　西部战役

现在,我们把目光从阿卡迪亚转回西部,会发现俄亥俄这条大河上的战斗,就像密西加施这条小河上的战斗一样惨烈。容基耶尔死后,迪凯纳侯爵继任新法兰西督军。迪凯纳侯爵将整个俄亥俄流域尽收囊中。巴黎的边境谈判刚刚失败,他就预见到战争不可避免,于是命令加拿大武装力量备战。这支大军主要由法裔农民组成。与阿卡迪亚人相比,他们具有更高的军事素养。他们保护皮货贸易安全,参加印第安战争,于是成为战斗经验丰富的战士。迪凯纳侯爵将一支远征军经阿勒格尼河运到了俄亥俄,命令他们在那里加固现有的要塞,营建新的要塞。这支远征军大大震慑了西部的印第安部落,许多一向亲英的酋长马上改变立场,宣誓效忠法国。弗吉

第九章

尼亚副总督罗伯特·丁威迪[①]十分警觉,就派人前往警告法军远离英国属地。执行这项光荣而艰巨的任务的是一个二十一岁的年轻人,叫乔治·华盛顿。他带着大无畏的精神和勇气前往完成使命,在此之后他在更大的空间里展示着这种精神和勇气。华盛顿受到法军指挥官圣皮埃尔的礼遇,但他发现圣皮埃尔已在阿勒格尼河建起了伯夫堡。因此,华盛顿的出使没有达到预期的目的。

看到法国一心想要控制阿勒格尼河,英国就组建了一个实力雄厚的贸易公司——俄亥俄公司,在争议地区购买了大量土地。高瞻远瞩的罗伯特·丁威迪发现,控制俄亥俄流域的关键是控制莫农加希拉河与阿勒格尼河的交汇处,也就是现在的匹兹堡所在地。俄亥俄公司就在这里开始营建要塞。要塞眼看就要建好了,法国人来了。他们赶走了守军,推倒了在建的工事,新建了一座要塞,这就是宏伟壮观的迪凯纳堡。法国人非常感谢对手为他们规划了一块战略要地。

虽然罗伯特·丁威迪曾幻想和平解决英法两国的争

[①] 罗伯特·丁威迪(Robert Dinwiddie,1692—1770),富有战略眼光的英属北美殖民地官员。1692年10月2日,他生于格拉斯哥,其父是杰米斯顿的罗伯特·丁威迪(Robert Dinwiddie of Germiston),其母是伊丽莎白·卡明。罗伯特·丁威迪上过大学,经过商。从1727年开始,他任职于英属北美殖民地。1751年到1758年,他担任弗吉尼亚副总督。他是七年战争前期的重要人物。——译者注

罗伯特·丁威迪。绘者信息不详

乔治·华盛顿。查理·威尔森·皮尔（Charles Willson Peale，1741—1827）绘

端，但现在法国人的行动被他视为公开宣战。华盛顿再次奉命前去。这次他率领着一支由正规军和丛林居民组成的民兵武装，目的是驱逐犯境之敌，夺取迪凯纳堡。获悉华盛顿的部队逼近了，迪凯纳堡守将派出一支斥候去警告这些入侵的英国人远离法国属地。碰面后，双方互相提防、试探。这种无言的僵持就像在黑暗中战斗一样，引起了双方士兵的恐慌。英国人首先开枪，这是否合法，现在也无公论。法国人被打了个措手不及，全部被歼。据法国人的描述，这简直就是一场暗杀。无论这次事件如何定性，英法两军在荒野中惨烈的小冲突即将引发大战。

华盛顿将营地安扎在一片叫大牧场的地方。他估计，迪凯纳堡会马上派兵来战①。于是，他以最快的速度加强了防御，把短时间内建起的脆弱防御工事命名为尼塞西提堡，并命正规军和印第安人驻守，守军共计三百五十人左右。迪凯纳堡的守将德维利尔率领大军攻击华盛顿的营地。暴雨中，战斗持续了九个小时，战壕里血泥飞溅。最后，华盛顿放弃了尼塞西提堡，带着残兵败将撤离了阵地，翻越蓝岭回到弗吉尼亚。德维利尔取胜回到了迪凯纳堡，清除了英国控制俄亥俄山谷时留

---

① 史称"尼塞西提堡战役"，时为1754年7月3日。——译者注

第九章

下的所有痕迹。印第安人纷纷归顺法国。在接下来的战争中，他们使用突袭战术，挥舞战斧，给英国人带来一次次灾难。

次年（1755），英国政府派两个军团前往美洲大陆，由爱德华·布拉多克将军指挥。很快，法国也组建了一支劲旅，在迪斯考男爵带领下，赶赴加拿大。同时，法国还任命皮埃尔·沃德勒伊侯爵为新法兰西督军，接替身体欠佳的迪凯纳侯爵。皮埃尔·沃德勒伊侯爵是本地人，其父亲菲利普·沃德勒伊担任过新法兰西督军。因此，他的上任深得民心。虽然英法两国都不想进一步扩大战争，但形势仍然剑拔弩张。爱德华·布拉多克刚到，就举行了殖民地领导会议，会议决定摧毁迪凯纳堡、尼亚加拉堡和克朗波因特堡。前文已提到，威廉·雪利经过苦战，攻克了博塞茹尔堡。现在，爱德华·布拉多克亲自攻打迪凯纳堡，威廉·雪利奉命攻打尼亚加拉堡，威廉·约翰逊[①]上校负责攻打克朗波因特堡。

爱德华·布拉多克率部在弗吉尼亚定居点与迪凯纳堡之间的荒野上前进。他的部队由一千名英国正规军和一千两百名弗吉尼亚民兵组成。虽然迪凯纳堡守将孔特

---

① 威廉·约翰逊在上哈得孙地区定居。虽然他不是训练有素的战士，但天赋异禀。在易洛魁东部的赛卡内族，他具有很强的影响力。他说服那里所有的赛卡内人要效忠英国。他娶了大名鼎鼎的莫哈克酋长布兰特的妹妹（莫莉·布兰特）为妻。——原注

勒科尔心里很清楚，抵挡这样一支大军犹如以卵击石，但他还是决定在英军来犯之前先发制人。他派骁勇善战的指挥官博热率领两百名法国人和五百名印第安人深入丛林，埋伏在爱德华·布拉多克部队必经小道的两边。

英军一渡过莫农加希拉河，爱德华·布拉多克就时不时地抬头观望远处灰色的要塞，查看敌情。这是七月一个天朗气清的日子，阳光很强烈，肆意地照射着穿着红蓝相间军服的队伍。队伍两边是茂密的丛林。突然，一位脸上涂着迷彩，头戴印第安帽子的法国军官出现在路中间。英军先头部队吃了一惊，急忙停止了前进。随着这宛如幽灵影子的出现，传来了阵阵野蛮人战斗的号角，子弹从丛林两边闪亮的树叶后面雨点般地射了过来。英军起初坚决还击"看不见"的敌人，但他们没有任何丛林作战经验，只是待在原地，最终成了对方的活靶子。部队主力赶来时，遭到同样的袭击。面对密集的子弹，他们手足无措，没有还手之力，在恐慌中乱作一团。弗吉尼亚的民兵熟悉丛林作战，他们分散开来，躲到大树和岩石后面。要不是爱德华·布拉多克的愚蠢决定，他们或许能反败为胜。爱德华·布拉多克觉得，躲在大树后面打仗是懦夫的表现。于是，他就用剑将他们驱赶回火线上。天热人躁，恐慌中的士兵们既不知道逃跑，也不知道自己在做什么，胡乱地开着枪，根本不管枪口对着的是敌人，是战友，还是空气。激战持续了整整一下午。爱德华·布拉多克在混战中无所畏惧，跑前忙后，愤怒异常。他的战马有四匹受伤倒地。最后，他迫不得已才下令撤退。就这样他也没有改变自己的命运。一颗子弹射穿了他的肺部，他倒在了战场上。他命令手下将他留在战场上，但没有人听命，而是把他抬回了后方。在华盛顿带领的一小支弗吉尼亚民兵的掩护下，部队开始撤退了。这支民兵的作战方式和敌人相同，很好地牵制了敌人。战斗中，华盛顿的两匹战马被打死，他的军服也被射穿。最后，整个部队只有六百多人撤出了战场。这些可怜的人惊恐地逃回了坎伯兰堡，不仅身体受伤，而且精神蒙羞，因为前线的英国定居点留给了法国人，任由他们烧杀抢掠。

爱德华·布拉多克的错误在于没有审时度势采用合理战术。他骁勇善战，富有激情，认真谨慎，坚韧不拔。他不像人们通常指责的那样，把自己的士兵送进了敌人的埋伏圈。进军过程中，他做过严密安排。为了防止意外发生，他甚至在部队两翼安排了斥候。不过，他瞧不起弗吉尼亚民兵。在印第安战场上，弗吉尼亚民兵积累了丰富的经验。他非但没有听取他们的意见，反倒认为躲起来打仗的方式非大丈夫所为。如果在开阔地带英勇善战的正规军能向弗吉尼亚人学习丛林作战，那么它原

威廉·约翰逊。铜版画，1756 年于伦敦发行

爱德华·布拉多克在大牧场的葬礼。19世纪木版画

本可以大有作为的。这位可怜的将军，弥留之际，非常感激弗吉尼亚民兵。他说过的最后一句话是："下次我们就知道怎么对付法国人了。"

加拿大人兴高采烈，而英国殖民区却回荡着哀歌。于是，威廉·雪利攻打尼亚加拉堡的计划马上搁浅了。不过，威廉·约翰逊却没有放弃攻打克朗波因特的计划。他的部队由纪律并不严明的丛林志愿者①和莫哈克人组成。不过，法国人及时获悉了威廉·约翰逊的计划，这是从爱德华·布拉多克留在莫农加希拉河战场上的一份文件中得来的。迪斯考男爵正打算率部去攻打奥斯韦格，但现在计划随之改变，奉命前往尚普兰湖。威廉·约翰逊在哈得孙建了一个要塞，即后来的爱德华堡。他又行军到乔治湖，在离爱德华堡十四英里的地方建起了乔治堡。就在威廉·约翰逊忙着修要塞时，迪斯考男爵率部直奔爱德华堡。威廉·约翰逊派出一支一千人的部队前往阻击，最后保住了爱德华堡。迪斯考男爵迅速掉头，集中优势兵力转攻乔治堡，企图一举夺之。英军匆忙用原木建起了护墙。现在，英军不仅占据有利的地势，而且人数也远远超过了法军。迪斯考男爵非常鲁莽，梦想着打一场像莫农加希拉河战役那样的大胜仗。他把正规

---

① 这些丛林志愿者分别来自马萨诸塞、康涅狄格、新罕布什尔、罗德岛和纽约。——原注

军、加拿大地方武装和印第安人等所有兵力都调集过来对付正面和两翼的英军。然而,在战场上,光有勇气是不行的。接下来的丛林战中,他损失了六百名将士,其他人被击溃后,四散逃命。他身受重伤,被抓到英国营地,沦为俘虏。莫哈克人大喊着向迪斯考男爵冲了过来,要为他们死去的战友报仇,但威廉·约翰逊及时制止了他们,并对这位著名的战俘以礼相待。威廉·约翰逊因功被封为男爵。后来,威廉亨利堡建了起来,以纪念他的赫赫战功。到1755年底,法国在西部取得了决定性的胜利,但其势力在乔治湖受到了压制,在新斯科舍遭到了沉重打击。

莫哈克人大喊着向迪斯考男爵冲了过来,要为他们死去的战友报仇,但威廉·约翰逊及时制止了他们。本杰明·韦斯特(Benjamin West, 1738—1820)绘

第十章

第一节 七年战争
威廉亨利堡沦陷

历经在美洲、印度和海上的残酷战争后，1756年，英国向法国正式宣战了。随后，法国也向英国宣战。其他欧洲列强纷纷加入。奥地利、俄国以及许多小国支持法国。普鲁士支持英国，虽然它只是一个小王国，但却拥有极强的战斗力，因为它的君主是腓特烈大帝。因此，虽然英国最后打赢了惨烈的七年战争，但我们要明白，它不能独享这份荣耀。在路易斯堡、魁北克和印度平原上，英国之所以凯歌高唱，是因为法军忙着对付不知疲倦、不屈不挠的普鲁士大军。如果懦弱无能的路易十五没有听信谗言，不去攻打腓特烈大帝，那么法国的雄师就可以悉数投放到美洲和印度战场。最终，殖民帝国的决战可能是另外一种结果，历史的洪流也将进入一个我们无法想象、完全不同的航道。

战争初期，英国遭受了重创。在阿勒格尼战役中，爱德华·布拉多克血洒疆场，致使防线失守。宾夕法尼亚边境的定居点频频遭到印地安民兵武装的袭击。最后，俄亥俄流域的印第安人草屋里，充斥着英国战俘的头皮。聚集在费城的公谊派教徒不知羞耻，一边从总督那里捞取好处，一边拒绝参战。这时，边境战争再次打响。然而，边境上已经没有任何防御工事了。

一支战斗经验丰富的兵团奉命前往加拿大，由法国优秀的指挥官路易·蒙特卡姆[①]率领。路易·蒙特卡姆麾下名将云集，有勒韦、路易·布甘维尔[②]和弗朗索瓦·波拉麦克。当时，英国政府由无能的纽卡斯尔公爵[③]掌权，他派劳登伯爵[④]和詹姆斯·阿伯克龙比将军率军对抗路

[①] 1713年，路易·蒙特卡姆生于法国南部的坎塔亚。此时，他四十四岁，骁勇善战。在意大利和波西米亚作战时，他功勋卓著，晋升迅速。——原注
[②] 路易·布甘维尔（Louis Bougainville，1729—1811），法国元帅和探险家，参加七年战争和美国独立战争。1763年的环球航行，使他在历史上留下浓墨重彩的一笔。——译者注
[③] 即托马斯·佩勒姆-霍利（Thomas Pelham-Holles，1693—1768），18世纪英国政治家、辉格党党魁，封纽卡斯尔公爵，曾担任英国外交大臣长达三十年（1724—1754），主导了当时英国的外交政策。——译者注
[④] 即约翰·坎贝尔（John Campbell，1705—1782），苏格兰贵族，英国军官，封劳登伯爵。1756年，他被英国政府派往北美，担任弗吉尼亚督军。1757年，他率军与法军作战，败北后被革职，返回了伦敦。——译者注

第十章

易·蒙特卡姆。身经百战的将军们面对敌人虚弱的将军,不战已胜三分。因此,一开始法国就占据了主动。路易·蒙特卡姆的大军势如破竹,很快就夺取了奥斯韦格堡[①],俘虏了一千四百多人,缴获了大量物资。这次胜利非常重要,因为英军打算从奥斯韦格堡集结后去攻打尼亚加拉。也正因如此,西部变得安全了。路易·蒙特卡姆毫不懈怠,一鼓作气,行军至尚普兰湖,占领了离克朗波因特几英里的泰孔德罗加堡。为了坚守泰孔德罗加堡,路易·蒙特卡姆下令在尚普兰湖通往乔治湖的大路上挖壕沟。泰孔德罗加本来就难以攻克,防御工事建好后,就变得坚不可摧了。不过,这样一来,路易·蒙特卡姆也关闭了通向加拿大内陆的大门。

与此同时,劳登伯爵只是开了几次会,讨论了一下战局。第二年,他率领十四艘战舰和大部分兵力挺进哈利法克斯,意欲攻打路易斯堡。整个夏天,他只是装腔作势地吓唬对手。他一边训练已经训练有素的部队,一边养花种菜,一边加强士兵的营养。人们说他用卷心菜对抗加农炮。获悉路易斯堡现在固若金汤,不仅有大量利炮,而且有十二艘坚船后,劳登伯爵率军狼狈地撤回了纽约。不过,英国的舰队司令霍尔本还是很有魄力的。

---

① 即奥斯韦格堡战役,时为1756年8月10日。——译者注

路易·蒙特卡姆。安东尼·马尔索
（Antoine Marceau, 1781—1847）绘

劳登伯爵。艾伦·拉姆塞（Allan Ramsay，1713—1784）绘

路易·蒙特卡姆的大军势如破竹，很快就夺取了奥斯韦格堡。选自一本 1877 年出版的历史书中的插图

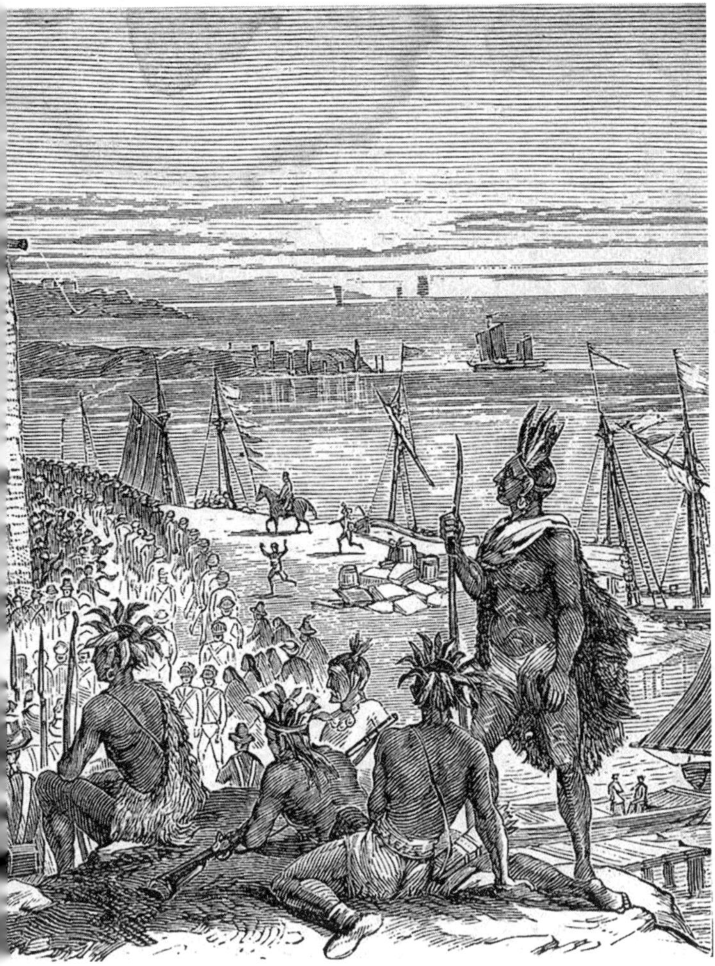

为了激法国战舰出来一决雌雄，他多次在路易斯堡海湾前巡航。然而，后来一场风暴重创了他的舰队，他才不得不返航。

就在劳登伯爵率部驻守哈利法克斯时，路易·蒙特卡姆率领一支六千人的部队从泰孔德罗加出发，沿乔治湖而下，进围威廉亨利堡。威廉亨利堡非常牢固，由乔治·芒罗①上校率两千两百名士兵守卫。乔治·芒罗是一位苏格兰勇士。十四英里外的爱德华堡由韦勃将军率三千六百名士兵守卫。路易·蒙特卡姆谨记迪斯考男爵失败的教训，没有贸然进攻，而是敦促乔治·芒罗赶快投降，因为胜利肯定属于法军；如果乔治·芒罗率部负隅顽抗，他就不能保证麾下的印第安人会对他们做出怎样的疯狂举动，毕竟这些印第安人占了他兵力的三分之一。乔治·芒罗说他将誓死保卫要塞，然后便向路易·蒙特卡姆的军队开火。法军随后在阵地摆好野战炮。在隆隆的炮声中，圆木修建的要塞的外墙很快就被炸成了碎片。乔治·芒罗紧急请求韦勃将军救援，但韦勃将军却说他无能为力。威廉亨利堡的战事越来越吃紧了，乔治·芒罗多次强烈请求韦勃将军援助，但韦勃将军仍然

---

① 乔治·芒罗（George Monro，1700—1757），生于苏格兰军人世家，1750年升为中校。1757年，威廉亨利堡战役打响。在他的指挥下，英军在敌众我寡的不利形势下坚持作战，赢得了法军的尊重。投降后，在返回爱德华堡的途中，他被印第安人杀害。——译者注

第十章

让三千六百名士兵安逸地待在爱德华堡里，按兵不动。路易·蒙特卡姆攻击威廉亨利堡时，如果爱德华堡的英军绕到他的后方，那么法军就腹背受敌了。然而，韦勃将军是一个懦夫。看到印第安人在战场上挥刀斩人，他就根本不敢出城战斗。最后，威廉亨利堡失陷了，恐怖的肉搏战眼看要上演了。无可奈何之下，乔治·芒罗率部缴械投降了。路易·蒙特卡姆保证他们不会受到印第安人的攻击，可以安全退到爱德华堡。然而，后来发生的一幕让路易·蒙特卡姆失信了。路易·蒙特卡姆高估了他对印第安人的影响。印第安人与英国人仇深似海，因为英国人修建要塞时曾疯狂屠戮、掠夺他们。当这支夹杂着妇女儿童的英国队伍鱼贯穿过丛林向爱德华堡走去时，印第安人咆哮着扑了过来。英国人手无寸铁，只能坐以待毙。女人被虏去割下头皮；儿童被扔到树上摔成肉泥；男人的头颅被斧头劈成两半。吓人的尖叫声、哭喊声、求饶声此起彼伏，这里俨然成为血腥的屠宰场。路易·蒙特卡姆羞愧难当，忙前跑后挥舞着长剑，阻止这场屠杀。他恐吓、哀求印第安人放下屠刀。几个军官也帮他哀求，却被已经杀红眼的印第安盟友打伤了。路易·蒙特卡姆应该早就下了命令，让法军防止印第安人干出出格的事来。既然路易·蒙特卡姆接受了威廉亨利堡的英军投降，那他就得负责这些俘虏的安全。屠杀终

路易·蒙特卡姆羞愧难当,忙前跑后挥舞着长剑,阻止印第安人屠杀离开威廉亨利堡、赶往爱德华堡的英国人。阿尔弗雷德·博贝特(Alfred Bobbett,约 1824—约 1888)根据菲利克斯·达利(Felix Darley, 1822—1888)的油画制成的版画

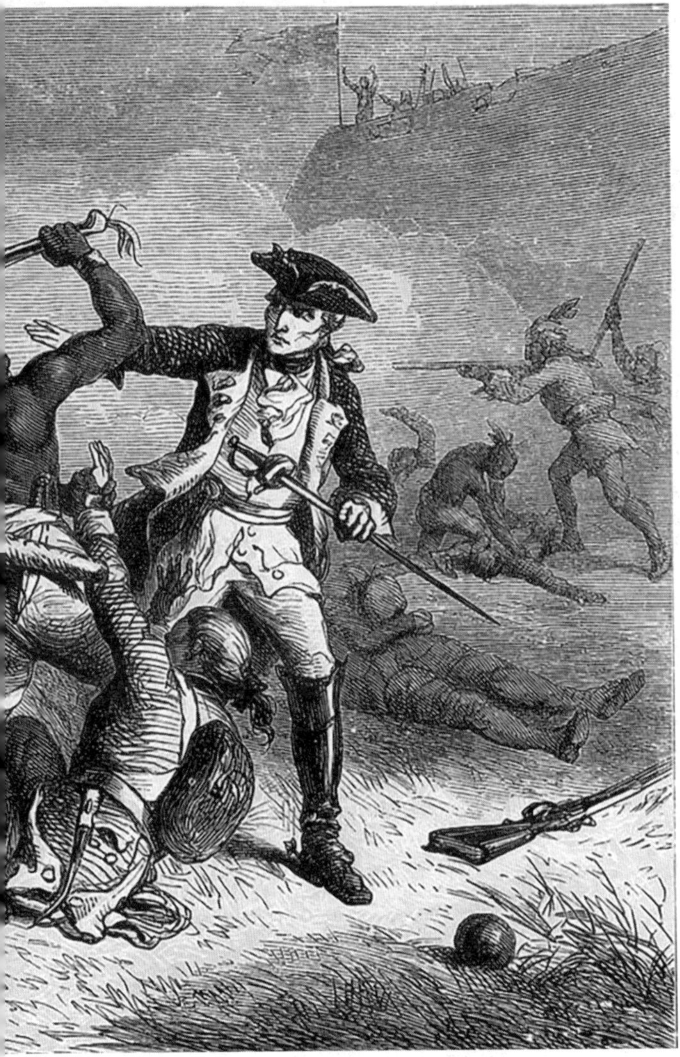

于被叫停了，印第安人担心战利品会被没收，于是四散离去。威廉亨利堡被夷为平地。之后，加拿大又精神抖擞了，但路易·蒙特卡姆的心情却非常沉重，因为印第安盟友的暴行让他蒙羞了。

第二节　再夺路易斯堡

就在法国人振奋、英国人消沉之际，转机突然出现了。无能的纽卡斯尔公爵政府倒台了，"伟大的平民议员"威廉·皮特[①]上台执政。威廉·皮特不屈不挠的意志和卓越的能力，提振了英军的士气。于是，英军重拾信心。加拿大的路易·蒙特卡姆小心翼翼，因为他不知道英军会从哪个方向发起新的进攻。

殖民帝国终极大决战箭在弦上，一触即发。英国殖民地繁荣富裕，人口是加拿大的十多倍。英国的殖民定居点比较密集，人口多达一百三十万；而加拿大只有区区六万居民，大部分集中住在魁北克、蒙特利尔和三河城，而圣劳伦斯沿岸的居民寥若晨星。加拿大西部的大片土地仅靠一些脆弱的要塞镇守，其中任何一座要塞失

[①] 威廉·皮特（William Pitt, 1708—1778），英国辉格党政治家。18世纪中期，他两次领导英国内阁。尤其是1756年到1761年，在七年战争北美战场英军陷入不利的形势下，他及时上台，大胆起用青年将领，为英国全面占领加拿大做出卓越的贡献。——译者注

第十章

陷，加拿大与路易斯安那的联系都有可能断绝。弗朗索瓦·比戈政府的官员贪得无厌，掠夺成性。在他们的层层盘剥之下，加拿大居民生活困顿，朝不保夕。而英国殖民地轻赋税，少盘剥，很快就繁荣起来了。然而，英国各殖民地的战斗力却非常弱，因为那里的人们不肯合作，不愿出钱打仗，他们不仅忌妒宗主国政府，而且还彼此忌妒。加拿大人实行单一统治，所有法裔加拿大人必须为领主而战，而领主则必须效忠法王。因此，法王派到加拿大的军事代表总能将百姓聚集到一起，组成一支大军。于是，他们习惯了在战斗状态下生活。加拿大就像明亮的轻剑，轻轻一摁，剑即出鞘，成为沙场杀器；而英国殖民地就像一把重剑，虽然威力无比，但锈在鞘里，很难启用。

战争最终的胜利并不完全取决于武力。这里还需谈谈加拿大政府的腐朽统治如何导致路易·蒙特卡姆等久经沙场的猛将折戟沉沙。加拿大地方行政长官弗朗索瓦·比戈是法王路易十五情妇的走狗。他聪明透顶，却臭名昭著。作为封疆大吏，他控制着加拿大的财权。当政期间，凡是肥缺，都被他安排给那些和他沆瀣一气的人，他们就是他捞钱的工具。大部分世袭领主无法阻止政府的腐败，眼不见心不烦，躲进了自己的庄园，选择了默默忍受。当然也有随波逐流者，遇腐则腐了。军队统帅路易·蒙特卡姆不知道政治上的实情，就算知道了，他也无权干涉。新法兰西督军皮埃尔·沃德勒伊原本可以清明政治，但他或许被狡猾的弗朗索瓦·比戈蒙蔽了，或许默许了弗朗索瓦·比戈的所作所为。弗朗索瓦·比戈要么直接敛财，要么通过其臭名昭著的合伙人卡德特敛财。不义之财数目惊人。法王拨付的上百万军费和加拿大居民交纳的上百万税金全部进了贪官的口袋。内部的敌人和外部敌人一样致命。法军对英军作战危机四伏时，弗朗索瓦·比戈的监守自盗愈加猖狂了。要塞一个接一个地沦陷，英军就像摘熟透的果实一样轻而易举。这是因为有些要塞的指挥官是弗朗索瓦·比戈的亲信，他们懦弱无能；有些要塞的军费被截留，武器和食物得不到保证。虽然勇敢的战士们食不果腹，缺枪少炮，但弗朗索瓦·比戈却与亲信们整日狂欢，挥霍无度。据称，仅仅在1757年到1758年，弗朗索瓦·比戈就骗取近五百万美元。几年后，英国统治了新法兰西，百合花旗从所有的据点上降了下来，弗朗索瓦·比戈才被关了巴士底监狱。最终，他被判交付巨额罚款，上缴全部财产，终生流放，不得回国。他的同伙相应也受到了不同的惩罚。

我们再回到战场上。威廉·皮特的重拳首先挥向了

威廉·皮特。理查德·布朗普顿（Richard Brompton，1734—1783）绘

路易斯堡。阿默斯特[①]担任主将,詹姆斯·沃尔夫担任副将,奉命率军攻打路易斯堡。詹姆斯·沃尔夫虽然只有三十二岁,身体也不硬朗,但在欧洲战场上却以勇气和睿智著称。詹姆斯·沃尔夫是威廉·皮特大胆起用的青年将领,很合他的意,是实现他宏图大志的人选。詹姆斯·沃尔夫深受将士们爱戴,同时深得上司信任。在尚武好战的年代,詹姆斯·沃尔夫的勇敢显得与众不同。他文质彬彬但不乏男子气概,聪明至极但也有愚怒之时。巧合的是,他的劲敌路易·蒙特卡姆和他一样,也有这些特点。但在外表上,路易·蒙特卡姆与他截然不同。路易·蒙特卡姆有着军人的体魄,身体笔直,体格健壮,脸型方正,表情严肃,天庭饱满,下巴宽大。所有这些都符合他的军人身份。詹姆斯·沃尔夫脸上最突出的特点就是高挺的鼻子,下巴和前额不太突出,上唇饱满而下唇单薄。喜欢将一头红发扎在脑后,他没有伟岸的身躯,四肢也很瘦弱,一点也不像能打仗的人,但他的眼神极具穿透力,闪烁着掌控一切、永不服输的光芒[②]。

阿默斯特和詹姆斯·沃尔夫还配有一支强大的舰队,

[①] 阿默斯特是一位勇敢且经验丰富的指挥官,但他作战时过于注重战术安排而经常延误战机。他虽然在战争中表现尚可,但在沃尔夫的光芒面前,就显得不足挂齿了。——原注

[②] 詹姆斯·沃尔夫出生于将门。他十五岁参军,十六岁当副官,二十三岁就成为了少校,在德廷根、卡洛登等著名战役中立下了赫赫战功。——原注

第十章

由海军上校爱德华·博斯科恩指挥。1758年6月初，部队到达加伯鲁斯湾。十三年前威廉·佩珀雷尔夺取路易斯堡后进行了加固，尤其是当年不堪一击的近陆一侧。这时，路易斯堡里有四千多人，三千为参加过欧洲战争的法国正规军，剩下的是配有武器的民兵。要塞指挥官是胆大心细的奥古斯丁·德鲁库。要塞下面的海港里停泊着十二艘战舰，配有大约三千兵力和五百四十四门大炮。要塞内有二百一十九门重型加农炮和十七门迫击炮。

　　身经百战的阿默斯特重复了威廉·佩珀雷尔当年的进攻计划，但他在加伯鲁斯湾登陆的困难却要比佩珀雷尔当时大得多，不仅遇上了大浪，而且严阵以待的法军随时准备出击。詹姆斯·沃尔夫挥舞手杖，指挥着整场战斗。战斗极其惨烈，但耗时并不太长。有的战舰被海浪掀翻到岸边岩石上撞得粉碎，有的战舰被加农炮击中沉入大海，但这些都没能阻止红衣战士前进的步伐，他们高喊着纷纷冲向岸边。他们夺下一个炮台，虽然损失惨重，但杀出了一条血路。英军快速穿过灌木丛，进入一片沼泽地，抬头就可以看见整个路易斯堡了。在隆隆的炮声中，他们被击退了。这时，英军已经登陆完毕，之后使用迂回包抄的战术，迅速夺取了灯塔据点和格兰德炮台。于是，所有的火力一起转向了艾兰德炮台。这场巨人之间的战斗持续了一天一夜，港口上空回荡的炮声不绝于耳。英军就像鼹鼠一样，悄悄地将战壕一点点向城墙推近，攻城的大炮也越来越近了。他们像牛斗犬一样，不放过每次战机，最后用火力压制住了意欲突围的法军。不久，艾兰德炮台安静下来了，港口的大门向爱德华·博斯科恩的舰队敞开了。不过，奥古斯丁·德鲁库隐藏了四艘战舰，这时仍然完好无损。至于其他战舰，一艘被击沉，其余悉数被炮弹击中起了火，灰飞烟灭了。守军陷入了绝境。

在休战的间隙，双方长官以礼相待。阿默斯特命令尽量不要炸坏要塞内的房屋。奥古斯丁·德鲁库捎信给阿默斯特说，要塞里有一位优秀的外科医生，若受伤的英国将士需要治疗，他可以派外科医生前去。阿默斯特也会想方设法将受伤俘虏的情况告诉他，甚至还送了德鲁库夫人一篮子菠萝，以表达给她造成不幸的歉意。德鲁库夫人则用一篮子上好的法国红酒回敬了阿默斯特。

礼貌归礼貌，战争依旧残酷无比。最后，路易斯堡被攻克，大炮不再轰鸣，守军伤亡过半。为了免遭血腥屠杀，奥古斯丁·德鲁库选择了无条件投降。路易斯堡保卫战是光荣的，奥古斯丁·德鲁库的目的实现了，拖住了阿默斯特。于是，阿默斯特在一年的时间里没去攻打加拿大的其他地方。路易斯堡英勇的将士们作为战俘被送到英国。随着布雷顿岛和圣约翰岛（今爱德华王子

爱德华·博斯科恩。约舒亚·雷诺兹绘

英军包围路易斯堡。绘者信息不详

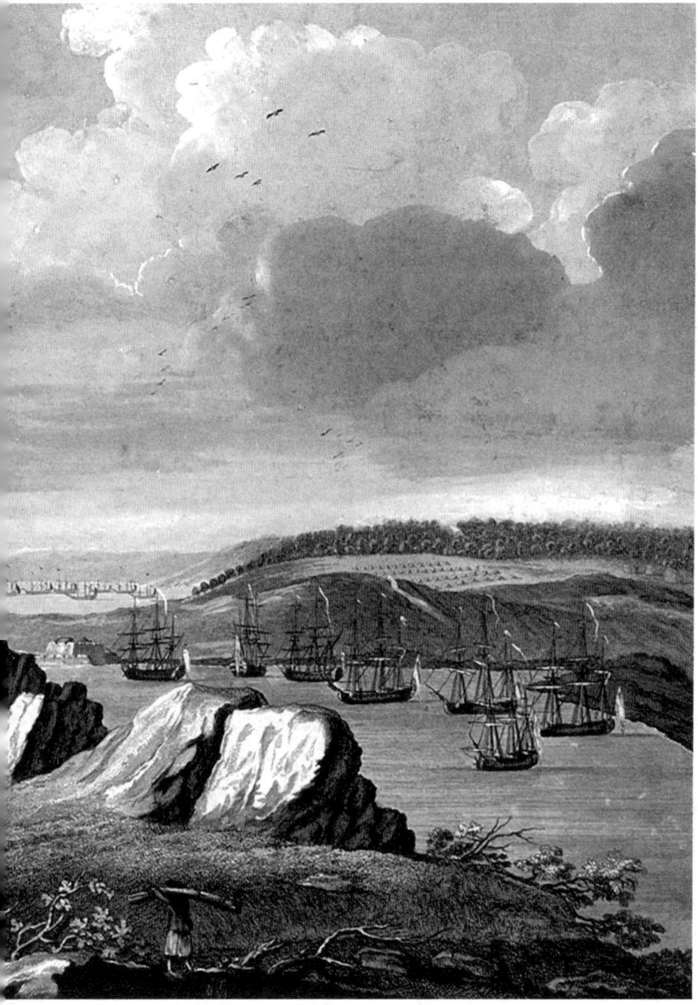

岛）的沦陷，这些地方的城头上都换成了英国国旗。接下来的几个月，英国人忙着摧毁要塞，推倒炮台，填堵壕沟，粉碎墙石，直到路易斯堡不复存在。现在，路易斯堡遗址青草连连，戴铃铛的羊群叮当穿行，但大部分工事依然有迹可寻。

第三节　泰孔德罗加堡之战

在路易斯堡，虽然法军遭到了重创，但他们在尚普兰湖却大胜而归。到目前为止，詹姆斯·沃尔夫与路易·蒙特卡姆尚未正面交锋。詹姆斯·沃尔夫奉阿默斯特之命攻打路易斯堡时，路易·蒙特卡姆正在泰孔德罗加堡布兵防守。乔治湖的另一边驻扎着一支一万五千人的大军，由詹姆斯·阿伯克龙比将军指挥，准备进攻路易·蒙特卡姆的部队。路易·蒙特卡姆所在的泰孔德罗加堡易守难攻，矗立在高高的岩石之上，俯瞰尚普兰湖。要塞后面是坑坑洼洼的山谷。要塞周围的山脊上建有一圈高高的"之"字形结构护墙。护墙上削尖的树枝向外，就像巨型豪猪背上的箭刺一样。靠近护墙的斜坡上堆满了削尖的树枝和砍倒的树木，基本无法通行。这些防御工事后面驻扎着一支三四千人的守军，他们要抵御一万五千人的进攻！不过，他们的指挥官是路易·蒙特卡姆及其

第十章

麾下的勒韦和布甘维尔两员猛将。而敌将詹姆斯·阿伯克龙比能力不强，意志也不坚定，他混到现在不是靠能力而是靠关系。他的关系网铺得很广，所以即使威廉·皮特看到了他的弱点，也没打算撤掉他的指挥权。这位谨慎的政治家给阿伯克龙比配了一位副将，希望他能弥补主将的一些缺点。这位副将就是年轻有为、富有激情的豪。他是整支队伍的灵魂，深受正规军和民兵的尊敬。豪恪守军纪，胸有韬略，认真谨慎，作战时勇敢无比。如果他还活着的话，那么泰孔德罗加堡的历史有可能会改写。然而，前往战场途中，他遭遇袭击，中弹身亡，从此，军心涣散了。詹姆斯·阿伯克龙比从来没有想过使用迂回包抄的战术攻打路易·蒙特卡姆，也没有想过占领远处的湖岸，切断路易·蒙特卡姆的粮道。相反，整整一天他都在固执地指挥着士兵冲向要塞前坚固的斜坡。要塞里密集地射出了子弹，他的士兵们成排倒地，就像被刈割的草一样。英军中的苏格兰高地志愿兵个个如猛虎扑食。他们用大砍刀砍断了阻挡他们前进的木桩，冲向要塞。正规军和民兵争先恐后，奋勇向前，慷慨赴死。战后，连法国人都对这种大无畏的精神佩服不已。然而，如此可歌可泣的牺牲并没有换来胜利。其实，詹姆斯·阿伯克龙比本可以将大军安扎在湖边以逸待劳。夜幕降临时，斜坡上被削尖的树枝丛中，躺着两千多具英军士兵的尸体。虽然法军也有伤亡，但不过三百人。因此，这场防御战法军大获全胜。詹姆斯·阿伯克龙比垂头丧气地率部退回了威廉亨利堡。与此同时，他的指挥权也被撤掉了。

泰孔德罗加堡之战胜利的喜悦很快就被随之而来的噩耗冲淡了。当詹姆斯·阿伯克龙比颤抖地躺在威廉亨利堡，被将士们不停咒骂时，约翰·布拉德斯特里特率领一支民兵乘坐捕鲸船穿过安大略湖，夺取了弗龙特纳克堡。之后，约翰·布拉德斯特里特缴获了大量物资，俘获了湖上所有的法国战舰。这次胜利将加拿大从中间一分为二。迪凯纳堡的粮道被切断了，曾经帮忙攻打爱德华·布拉多克的印第安部落也抛弃了法军。1758年11月，约翰·福布斯将军率部猛攻迪凯纳堡。最后，法军放弃了迪凯纳堡。撤退时，法军炸毁了所有的防御工事。英军重建了要塞，还取了一个大吉大利的名字——皮特堡，聚集在皮特堡周围的村落被称为匹兹堡。许多商人住在匹兹堡的木屋里。

尽管战斗此起彼伏，要塞争夺从未停止，但一件和平时期才会发生的大事发生了。哈利法克斯召开了首次立法议会。我们知道，建城的先驱们曾经承诺实行自由的代议制机构。现在，这一承诺终于兑现了。新斯科舍的百姓被召集起来，选出他们支持的议员，然后由议员

泰孔德罗加堡大捷,路易·蒙特卡姆与将士们庆祝胜利,现场一片欢呼。
亨利·亚历山大·奥格登(Henry Alexander Ogde,1854—1936)绘

约翰·布拉德斯特里特率领一支民兵乘坐捕鲸船穿过安大略湖,夺取了弗龙特纳克堡。约翰·亨利·沃克(John Henry Walker,1833—1899)绘

撤退时,法军炸毁了迪凯纳堡所有的防御工事,英军开进了几成废墟的迪凯纳堡。阿尔弗雷德·沃德（Alfred Waud,1828—1891）绘

代表他们参加立法。不过，实权基本上都被总督和英王的官员掌握。为了使代议制机构能够获得真正的自由，人们经历了长达一个世纪的不懈斗争。这种斗争必将在历史上留下浓墨重彩的一笔。

第四节　战争结束的序幕

英法两国都意识到，决战的帷幕拉开了。阴霾笼罩了整个加拿大。在西部，法军失去了五大湖区的阵地，也失去了部分强大的印第安盟军；在中部，路易·蒙特卡姆成功地控制着局势；在东部，法军岌岌可危，举世闻名的路易斯堡失陷，退守圣劳伦斯。祸不单行的是，贪腐成性的弗朗索瓦·比戈在新法兰西生死存亡的紧要关头，一如既往地无视来自军队的一次次求援。摇摇欲坠的殖民地只好向祖国请求援助。然而，远在欧洲的法国深受战事拖累，分身乏术，既无力向加拿大派兵，也无力给弗朗索瓦·比戈拨款了。路易·蒙特卡姆奉命坚守阵地，等待转机。

虽然蒙特卡姆和平庸易妒的督军皮埃尔·沃德勒伊政见相左，但面临危局，他们紧紧地团结起来了。皮埃尔·沃德勒伊调集所有的民兵，悉数派往路易·蒙特卡姆的大本营所在地——魁北克。为了保卫尼亚加拉堡，

第十章

从底特律堡到韦南戈堡所有的守军以及西北密西里罗金南周围的印第安武装都奉命集结。路易·蒙特卡姆麾下骁勇善战的中尉弗朗索瓦·波拉麦克被委以重任,防守尚普兰湖和黎塞留河,阻止英军挺进蒙特利尔。

1759年春,英军开始行动了。约翰·普里多将军和威廉·约翰逊爵士前去攻打尼亚加拉。阿默斯特将军奉命打开从中部进入内陆的通道,沿黎塞留河而下,夺取蒙特利尔。然后两军会师,顺圣劳伦斯河而下,前往帮助詹姆斯·沃尔夫夺取魁北克。讲詹姆斯·沃尔夫的赫赫战功之前,我们先看看约翰·普里多和阿默斯特的作战经历。

攻打尼亚加拉堡的远征军到达后,这里守军的援军还没到达。包围尼亚加拉堡后,英军很快就开炮猛轰了。战斗中,约翰·普里多中弹身亡,指挥官换成了威廉·约翰逊爵士。就在这时,法国援军赶来了。威廉·约翰逊爵士率部分兵力迎战,重创了法国援军。法国援军七零八落地大败而归。尼亚加拉堡的守军失去了救命稻草,于是缴械投降。至此,法国在西部的最后一个据点被英军占领了。

在中部,阿默斯特率军谨慎地沿乔治湖向前推进。面临大兵压境,弗朗索瓦·波拉麦克炸毁了泰孔德罗加堡,退守克朗波因特堡,然后又退到更加坚固的战略要地核桃岛。核桃岛位于尚普兰湖口。弗朗索瓦·波拉麦克集中全部兵力，准备背水一战。他用四艘装备精良的炮舰控制了尚普兰湖。于是，阿默斯特的敞口战舰停止了前进的步伐。为了对付法国的炮舰，阿默斯特花了整整一个夏天建造新舰。一切准备就绪后，暴风天气来临了。最后，阿默斯特决定在克朗波因特堡过冬。他的确是一位勇敢的将领，但往往囿于自己的作战方式。在需要冲锋和冒险时，他的战术就显得保守和呆板了。他本该不惜一切代价，率军杀出一条血路，分散敌人的兵力，从而更好地帮助詹姆斯·沃尔夫攻打魁北克，但他却不停地修工事，一板一眼、严格有序地向前推进。核桃岛的弗朗索瓦·波拉麦克和魁北克的路易·蒙特卡姆很欣赏他这份耐力，但一点儿也瞧不上他的智商。

第十一章

第一节 沃尔夫与蒙特卡姆正面交锋

为了确保法国在加拿大的最后一块立足之地魁北克安全无虞,路易·蒙特卡姆调集了大约一万六千人的大军,包括正规军、民兵和大约一千名印第安原住民。阵地战主要靠正规军,而在丛林战中,一个民兵抵得过三个正规军士兵。路易·蒙特卡姆的正规军隐蔽在坚固的防御工事里,做好了打防御战的准备,等着敌人前来送死。路易·蒙特卡姆要把魁北克变成另一个泰孔德罗加堡。固若金汤的魁北克城内外驻扎着一万多大军,而攻城的沃尔夫只有区区九千人。不过,他们都是身经百战的战士,可以在任何情况下作战。

路易·蒙特卡姆命德拉姆齐率两千士兵留守城内,其他兵力则部署在从城墙到蒙特莫伦西河八英里的沿岸地带。圣查理河口已被巨大的铁索栅栏堵死，两岸设有重炮。沿圣查理河而上，一座由船体连成的桥，作为连接城堡与军营的通道，傲然矗立。顺圣查理河而下到博波尔溪，圣劳伦斯河两岸尽是平坦的草地，草地两边是浅滩。博波尔小溪汇入圣劳伦斯河的地方泊着一艘炮艇。从这里一直到蒙特莫伦西河，两岸分布着陡峭多岩的山脊，只有山脊的凹槽部位是一片逼仄的平地。魁北克城前就是防御工事，它经博波尔草地，直抵山脊顶部。山脊和蒙特莫伦西河之间的平地上也建有防御工事，能有效抵御敌人的进攻。不过，敌人夺取这里的防御工事没有任何意义，因为这里暴露于设在山脊上的大炮的射程之内。上面提到的那艘炮艇上配有十二门重炮。魁北克城墙上配有一百零六门加农炮。城下的圣劳伦斯河里泊着作战舰队的炮艇和战舰。为了安全起见，法国最重要的战舰停泊在圣劳伦斯河上游较远的地方，舰上的士兵可以随时进入防御大军。沿圣劳伦斯河北岸往上八英里就是鲁日角要塞。要塞所在的悬崖高达两百英尺，除了寥寥几处地方外，大都不能通行。即使能通行的地方，行走也非常困难，因此，只要几个战斗力强的士兵防守，就能抵御一支敌军。虽然敌人进攻鲁日角要塞不足为惧，但布甘维尔仍然带领一支劲旅警惕地防守。

我们知道，詹姆斯·沃尔夫握有九千精兵。其实，

第十一章

他麾下还有三员英勇善战的大将：攻克博塞茹尔堡的罗伯特·蒙克顿、汤曾德和默里。此外，海军上将桑德斯指挥的一支强大的舰队也归他调用，可以随时协同陆军作战。6月底，战舰、护卫舰和其他舰船纷纷抵达绿意盎然的奥尔良岛。詹姆斯·沃尔夫率军上岸，登上了海岛，接着下令安营扎寨。然后，在奥尔良岛以西距魁北克四英里的地方，他命士兵挖壕沟加强防御。现在，摆在他眼前的是几乎不可能完成的任务。他的右边是壮观的蒙特默伦西大瀑布，从冷杉覆盖的山脊峰顶倾泻而下。山脊上面分布着长长的密集的护墙，护墙后面，身穿白色军服的法国士兵严阵以待。城里的斜房顶和尖屋顶密密麻麻，城前圣劳伦斯河里泊着炮艇和战舰。钻石岛威严地矗立，它冷峻的外表后面掩藏着大炮、楼梯和盘旋而上的小道；它的最高处建着庄严的要塞，要塞上飘荡着法国的战旗。

詹姆斯·沃尔夫安营没几天，为了摧毁英国舰队，新法兰西督军皮埃尔·沃德勒伊便出动了"火船"，但却付出了巨大代价。船上放满了松脂、火药、炸弹和装满弹药的各种老式枪炮。在一个月黑风高的夜晚，这些船进了北边的河道里，慢慢地顺流漂向英国舰队停泊的地方。不久，这些船就起了火。一瞬间，火光冲天，爆炸声震耳欲聋。火光将岛上穿红色制服的英军士兵和躲

新法兰西督军皮埃尔·沃德勒伊出动了"火船",英国水手们奋不顾身地乘船冲了出来。多米尼克·塞尔(Dominic Serres,1722—1793)绘

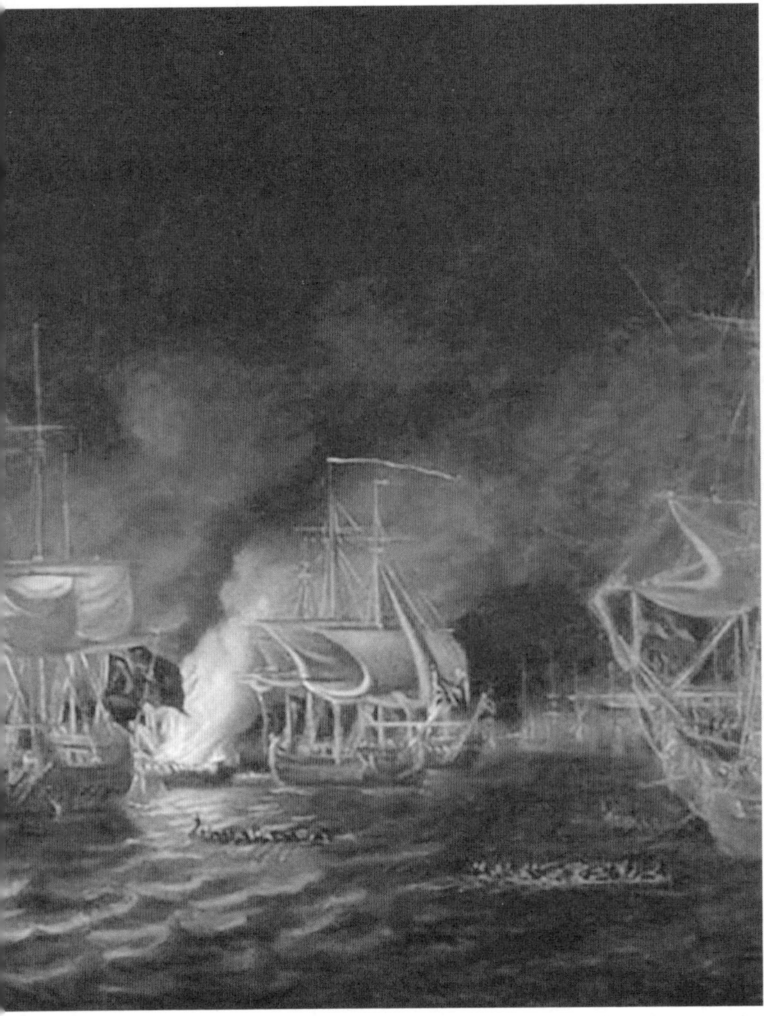

在壕沟里穿白色制服的法军士兵照得异常清楚。每一艘燃烧的船周围，都会下起令人恐怖的"弹片雨"。遗憾的是，火船点火过早。英国水手们奋不顾身地乘船冲了出来。途中，他们用锚将这些喷火的怪物勾住，奋力地将它们拖到河滩上。一旦搁浅，它们就失去了杀伤力，兀自在那里咆哮着，直到最后一团火苗熄灭。

第二天，詹姆斯·沃尔夫占领了城对面的利瓦伊制高点，并开始在那里搭炮台架大炮。在利瓦伊附近制高点的村庄教堂，詹姆斯·沃尔夫张贴了布告，要求加拿大平民保持中立。他承诺：如果他们保持中立，他们的生命和财产安全以及宗教信仰就可以得到保护；反之，他们就要面对烧杀抢掠。当利瓦伊制高点的大炮越来越多时，为了不让英军无休无止地发射炮弹，由一千五百名魁北克人组成的志愿军在离城几英里处的地方，趁夜色渡河，准备发动袭击。出发时他们斗志昂扬，但到达前线时，便开始恐慌起来，发疯一般跑回船上，匆忙逃回了魁北克，任由同胞们耻笑。

詹姆斯·沃尔夫打算在蒙特默伦西登陆。登陆前，英军和加拿大游击队激战。在蒙特默伦西大瀑布的东边，沃尔夫小心谨慎地筑起防御工事，并配上了炮台，还朝博波尔溪对岸的法军开了几炮，这一下子激怒了法国人。一些法国军官急于攻下敌人的这个新据点，但老道的蒙

第十一章

特卡姆分析了形势后,没有让他们这样做。他说:"就让他在那里自娱自乐吧。如果我们把他从那里赶走,他就会找一个给我们造成更大威胁的地方。"

詹姆斯·沃尔夫目前的处境异常危险。他将部队一分为三,任何一处遭到攻击,其他两处都可能来不及支援。然而,他就想把法国人从工事中引出来,所以需要冒这样的风险。他心里很清楚,靠步步为营的常规打法是无法取胜的,唯有大胆出奇兵方能制敌于死地。于是,他继续分散着兵力。利瓦伊制高点的大炮猛轰下城区。在炮火的掩护下,詹姆斯·沃尔夫命海军少将查理·福尔摩斯[①]率领一小支舰队沿河而上,直抵鲁日角,向布甘维尔施加压力。在魁北克和鲁日角之间八英里的河面上,这支舰队来回游弋,彻底牵制了法国人。布甘维尔的士兵不得不紧盯着这支舰队,以防英军随时登陆发动攻击。就这样,夏天很快就要过去了。遭到炮击后,虽然下城区已经面目全非,但魁北克毫发无损,那里的粮草充足。路易·蒙特卡姆引而不发的战术让詹姆斯·沃尔夫既着急又无可奈何。如果路易·蒙特卡姆还不出来

[①] 查理·福尔摩斯(Charles Holmes,1711—1761),出身将门世家。他的祖父是在英荷战争中立下赫赫战功的海军上将罗伯特·福尔摩斯。他的父亲是怀特岛总督、陆军上校亨利·福尔摩斯。1747年,查理·福尔摩斯成"雷诺克斯"号舰长。"雷诺克斯"号是当时英国海军中最大的战舰之一。七年战争期间,他官拜海军少将。——译者注

魁北克战场上的路易·蒙特卡姆。A. H. 海德
（A. H. Hider，1870—1952）绘

查理·福尔摩斯。18世纪的不列颠学校（British School）绘

交战，他只好攻打进去一决雌雄了。

詹姆斯·沃尔夫从法国人左翼防线发起了攻击。海水退潮时，蒙特莫伦西河入海口处的一个浅滩可以渡河。詹姆斯·沃尔夫命舰队用猛烈的火力压制法国设在这里的大炮。接着，英格兰的步兵团以及效忠派人士和苏格兰高地战士趁机乘船冲向岸边。蒙特默伦西棱堡里冲出来一支接应他们的纵队。然后，他们涉水蹚过激流，沿着山脊下长长的沼泽奋勇向前。现在，他们迫不及待地想建功立业。然而，在高处密集的炮火攻击下，这里几乎俨然成了屠宰场。红衣军团[①]毫不畏惧，排成一列列纵队，英勇地向前面的陡坡爬去。到处可见詹姆斯·沃尔夫瘦高的身影，他挥动着手杖，大声激励着将士们。然而，山顶上的枪炮不停地扫射、轰击，英军大批士兵从陡坡上滚落下来，但后面的士兵继续向前，死战不退。不久，一场暴雨袭来了。陡坡变得湿滑，难以攀爬。双方的弹药经雨一浇，悉数失效。英军进攻受挫，撤往蒙特默伦西棱堡。途中，士兵们一言不发，气氛沉闷。虽然英法两军都认为这是一场救命的及时雨，但事实上，魁北克城内一片欢腾，而英国营地里死气沉沉。在致命的陡坡前，詹姆斯·沃尔夫损失了五百精兵。

---

① 指英军。——译者注

第十一章

第二节 亚伯拉罕平原战役

秋天慢慢过去了，魁北克的胜算越来越大。除了摧毁了几个村庄外，詹姆斯·沃尔夫几乎一无所获。他得了病本来就很痛苦，现在又操劳、焦虑过度，精神抑郁，最后，病情迅速恶化。他高烧不退，卧床不起，在蒙特默伦西的一间农舍里一躺就是好多天，英军士气萎靡。后来，海军上将阿默斯特不能来援的消息传来了。不久，海军上将阿默斯特劝詹姆斯·沃尔夫放弃进攻，因为霜冻期即将来临，战舰很可能受困。詹姆斯·沃尔夫给威廉·皮特写信时有点儿沮丧，但他依然没有放弃攻打魁北克的计划。现在，他将注意力转向魁北克城上方的高地，并确定了新的进攻方案。他向海军上将阿默斯特保证，如果新的进攻方案失败，他就同意撤兵。晚上，他的步兵主力迅速从拉瓦伊制高点秘密出发，放弃了蒙特默伦西的据点，到鲁日角对面集结。原以为英军还在拉瓦伊制高点的路易·蒙特卡姆听到他们突然撤离的消息后，大惑不解。他们是准备逃跑，还是准备进攻？夏季战役胜利后，路易·蒙特卡姆自然充满希望，但现在魁北克城的食物供给出了问题。圣劳伦斯河上游的英国战舰一直在河上巡逻，从蒙特利尔来的补给船队很难穿越封锁，在到达魁北克码头前就被俘获了，这种情况已经好几次了。当然，陆路是通畅的，但要确保整座城的粮食供给，哪里会有那么多的马匹和运输工具呢？

詹姆斯·沃尔夫的计划几乎不可实现。他用望远镜观察到离魁北克城三英里的山崖表面有个据点，四周有守军的帐篷。通往据点的一条羊肠小道由沿绝壁激荡而下的小溪冲刷而成，这就是著名的"富伦山坳"。詹姆斯·沃尔夫计划派一支敢死队晚上登上悬崖，夺取据点，誓死坚守，接应后面的大部队。虽然具体计划只有几位少将知道，但全体将士都知道他们要执行一项艰巨的任务。听说要组织敢死队，二十四位勇士踊跃报名，尽管谁也预料不到最后的结果。在一个伸手不见五指的晚上，部队接到命令，全部登上战舰。像往常一样，舰队顺着潮汐逆河而上。退潮的时候，纷纷解开缆绳的小船顺流漂至富伦山坳（今晚过后就改称"沃尔夫山坳"了）下。二十四位英勇的敢死队员在前，詹姆斯·沃尔夫紧随其后。整个行动在黑暗中悄悄地进行着。为了缓解紧张的气氛，詹姆斯·沃尔夫轻声地给他的军官们背诵了格雷的《挽歌》。背诵完后，他评价道："先生们，我更愿意写出这样的诗句，而不是攻打魁北克。"他已经那样优秀了，谁还能反驳他呢？

事实上，对詹姆斯·沃尔夫而言，这是一次孤注一掷的冒险，因为即便他的部队夺取了高地，他们还得面

图中的羊肠小道是富伦山坳。
亨利·理查·S.布纳特绘

除了富伦山坳外，四周尽为海岸悬崖。
亨利·理查·S.布纳特绘

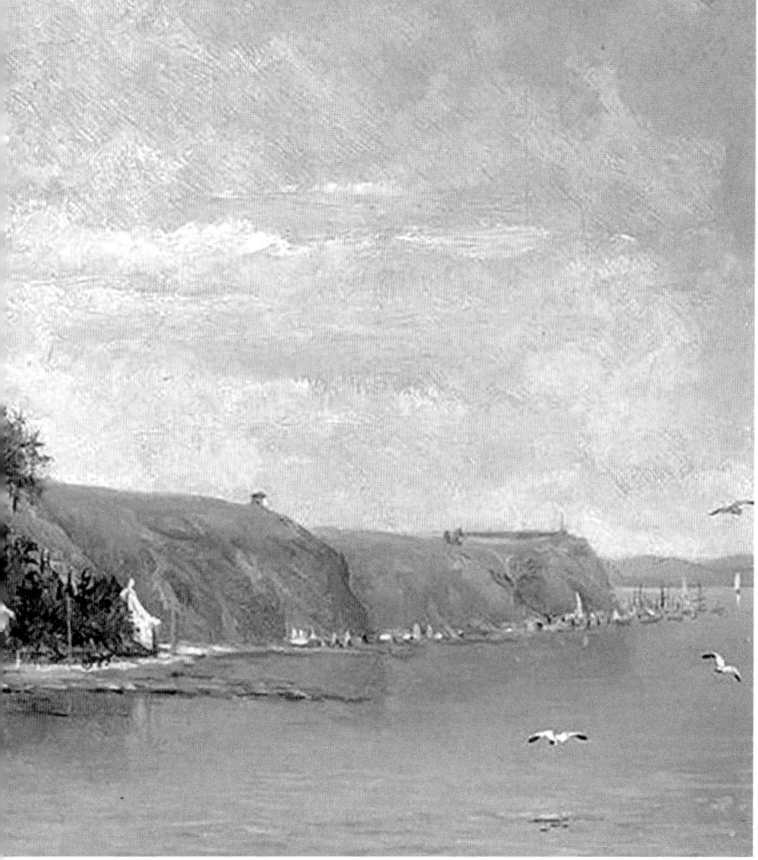

对兵力两倍于己的法军。不过，此时，法军主力仍然驻扎在圣查理河附近的据点，遭到英国海军上将桑德斯指挥的舰队猛轰，这给法军造成一种错觉，即英军要从正面攻打魁北克。法国人知道英国人没有翅膀，所以他们根本就没有料到后方会出现危险。英军从一名法国叛逃者那里得知，晚上会有一支补给船队到达魁北克。詹姆斯·沃尔夫的先遣舰队靠近海岸时，法国哨兵在黑暗中厉声质问他们是哪部分的。幸运的是，英国舰队中有一位苏格兰高地的长官能讲流利的法语。他回答道："小声点儿，我们是来送补给的，别再出声了，不然会引来英国人。"哨兵信以为真。几分钟后，舰队驶进了小水湾，舰队的人悄悄地爬上了峭壁林立、水湾环抱的富伦山坳。

至此，加拿大失败的命运已经注定。防守富伦山坳的竟然是沃格尔这个懦夫，就是他把博塞茹尔堡拱手让给英国人的。虽然他因懦弱而遭到了审判，但他却把责任全推给了新法兰西督军皮埃尔·沃德勒伊和地方行政长官弗朗索瓦·比戈。现在，詹姆斯·沃尔夫的敢死队正沿着峭壁往上爬，沃格尔却在帐篷里呼呼大睡。二十四位敢死队员成功登顶后，没有遭到任何阻拦。他们摸到闪着微光的营帐，冲向睡梦中的法国守军。这些守军有的被击毙，有的被打散。沃格尔刚从床上惊恐地跳起来，就被抓了俘虏。听到敢死队员传来的欢呼声，

第十一章

下面等待的士兵纷纷攀崖而上。詹姆斯·沃尔夫虽然大病初愈，身体虚弱，但他还是拼尽了全身力气，斗志昂扬地冲在先头部队的最前头。黎明时分，詹姆斯·沃尔夫的军队已占据了整个高地。詹姆斯·沃尔夫已经楔入魁北克的路易·蒙特卡姆和鲁日角的路易·布甘维尔之间，别无选择，只能战斗，要么胜利，要么失败。

为了找到合适的战场，詹姆斯·沃尔夫率领军队向前，抵达了亚伯拉罕平原。这里是一片青草连连、灌木丛生的开阔地，大约有半英里宽。钻石岛最西端常年有风掠过的峰顶就在附近。隐藏在一个较低的光秃山脊背后的魁北克离亚伯拉罕平原不到一英里。詹姆斯·沃尔夫正对着魁北克，筑好了防线。防线周围的灌木丛里，加拿大游击队员和印第安人时不时地放几下冷枪。这时，詹姆斯·沃尔夫就会让士兵们卧倒躲避，自己则带着轻步兵和他们对射。

现在，詹姆斯·沃尔夫前面的山脊上站满了身穿白色制服的法国士兵。路易·蒙特卡姆破晓时分骑马回城时，看到了对面高地上穿着红色制服的英国军队。他急忙命令博波尔战壕里的部队撤回。但那里的士兵不愿离开要塞，一些士兵受到皮埃尔·沃德勒伊影响也悄悄地留下来。其余大约四千五百人英勇无比，组成了路易·蒙特卡姆的作战部队。路易·蒙特卡姆骑着黑色骏马，指挥着他的军队马上发起了冲锋。他们一边高喊着奋勇冲向敌阵，一边扣动扳机射向敌人。这时是上午十点钟。这一战将决定加拿大的命运。

身穿红色制服的英格兰士兵和身穿短裙的苏格兰高地士兵突然出现了，他们只是安静地站着。当白衣军团离他们大概还有四十步的时候，突然响起一声尖锐的指令。瞬时，枪声大作，子弹带着火星呼啸着射向白衣军团。前面一排法军士兵踉跄倒地，但后面的士兵依然奋勇向前。接着，又是一阵射击。当浓烟散去时，法国人已经被打乱阵脚，惊慌失措，这无异于一场惨烈的屠杀。就在法军拼命想恢复阵形的时候，詹姆斯·沃尔夫下达了冲锋命令，他自己一马当先冲在了步兵的最前面。英格兰人开始高呼，苏格兰人开始呐喊，苏格兰风笛也开始响起。法国人被打散了，但没有被打垮。他们仍然在勇敢地还击。一颗子弹打碎了詹姆斯·沃尔夫的手腕，一颗子弹射穿了他的腹部，可他依然向前。然而，第三颗子弹射中了他的胸脯，他终于倒下了。他身边有两三个士兵立刻抬着他去往后方。在他的再三恳求下，他们弯腰把他放了下来。这时，其中一个士兵抬头喊道："他们跑了，他们跑了！"詹姆斯·沃尔夫睁开眼睛，就像刚从睡梦中醒来一样，问道："谁跑了？"

"敌人，是敌人，长官！"士兵兴奋地答道，"他

第十一章

们全跑了！"

詹姆斯·沃尔夫努力把自己从死亡边缘拉了回来。弥留之际，他的意识非常清楚。"快去，告诉伯顿上校，"他说，"让威布斯率队去圣查理河，切断他们过桥的退路。"然后，他喃喃自语道："感谢上帝，我可以平静地去了！"随着一声轻叹，他的生命画上了句号。

法军已经彻底溃败了，根本听不到长官发出的命令。但有一支小分队留守在科特—圣吉纳维芙山坡，不惜一切代价英勇地坚守着，挫败了威布斯带兵炸桥的计划。极度绝望和愤怒的路易·蒙特卡姆随着溃兵涌向了城门。一颗子弹击穿了他的身体，他趴到了马鞍上。两个士兵见状，忙把他们爱戴的将军扶坐起来。路易·蒙特卡姆又回到了他固若金汤的城里。看到路易·蒙特卡姆受伤严重，人们悲伤地哭泣，同时感到莫名的恐慌。路易·蒙特卡姆坚强地撑起身体说："没事儿，朋友们，不要为我悲伤。"然后，他就被抬上了外科手术台。在极度痛苦时他还不忘给英军指挥官写信，请求他善待这个地区的百姓。第二天早上，即9月14日天亮前，他不治身亡。他的遗体被装在一个粗糙的盒子里，葬在了乌尔苏拉会女修道院的地下。他的墓地就是英军炮弹炸出的一个大坑。而对手的遗体却没有这样草草处理。詹姆斯·沃尔夫的遗体被护送回了英国，曾经为他的胜利而欢呼的人们现在却沉浸在无穷无尽的悲伤之中。魁北克现在建有一块纪念碑，纪念那些曾经为了夺取加拿大而在战争中死去的英法两国英雄，詹姆斯·沃尔夫和路易·蒙特卡姆的名字永远刻在了纪念碑上。

路易·蒙特卡姆死后，法军陷入无人领导的状态。英勇的莱维此时还在蒙特利尔，他是路易·蒙特卡姆最好的接班人。但最高指挥权却落在懦弱无能的皮埃尔·沃德勒伊手里，他是一个没有危险时才勇敢的人。虽然他的兵力要强过英军，但经过几小时犹豫不决后，他最终决定放弃魁北克，溯圣劳伦斯河而上，前往坚不可摧的雅克—卡地亚据点。这时，英军为了能迅速发起攻击，正在刚刚夺取的阵地上挖壕沟。蒙克顿将军负伤后，英军指挥官变成了汤曾德，他看到法国人逃跑后，感到不可思议，同时也松了一口气。但他知道法国还有不少将军在加拿大，他们不久就会杀回来。对他来说，最安全的地方就是魁北克城内，所以他决定立即进城。他向守城的德拉姆齐下了通牒，敦促他赶快投降，不然他就要武力夺取。德拉姆齐犹豫不决，认为法军会去而复返。而汤曾德仍在步步紧逼，大炮和战壕不断向城墙推进。17日，英国战舰到了，一支强大的攻击部队开向了城门。城内的居民异常恐惧，他们不想再遭到攻击，不想被烧杀掠夺，于是纷纷要求立刻投降。德拉姆齐顺应民意，

路易·蒙特卡姆指挥法军进入战场。
查理·威廉·杰弗里斯绘

詹姆斯·沃尔夫之死。本杰明·韦斯特绘

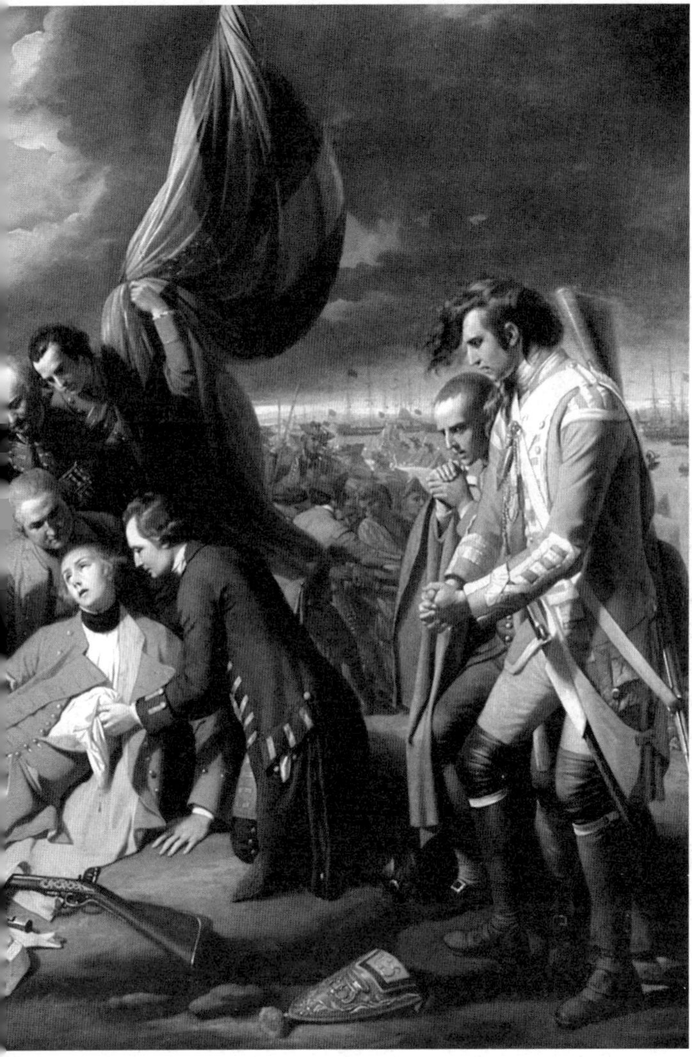

一颗子弹击穿了路易·蒙特卡姆的身体,他趴到了马鞍上。两个士兵见状,忙把他们爱戴的将军扶坐起来。路易·蓬布莱德绘

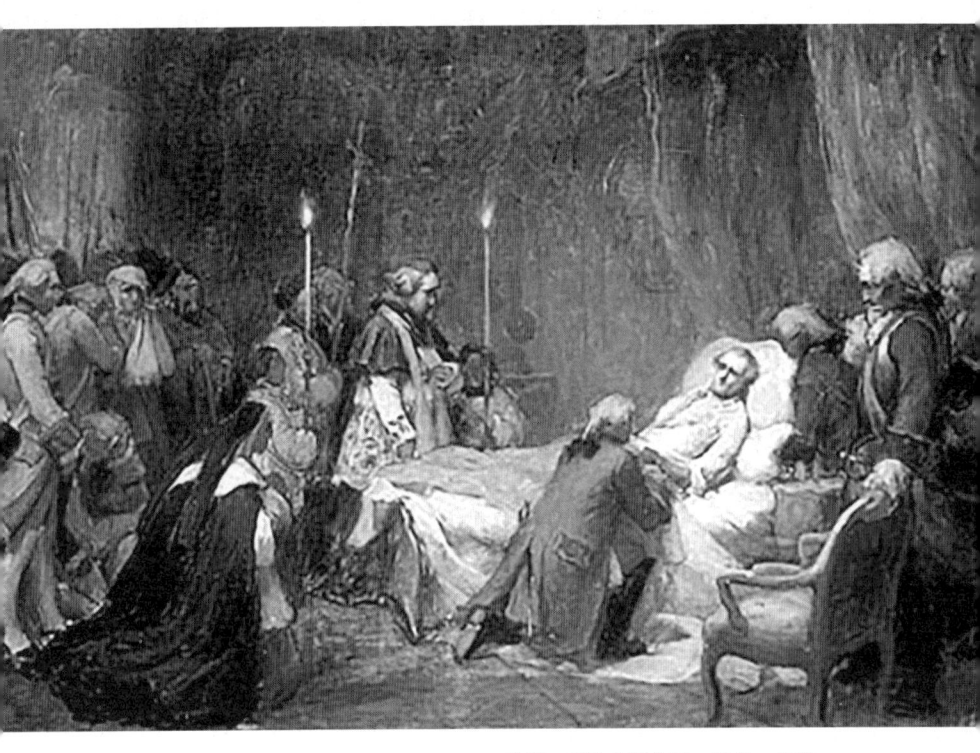

路易·蒙特卡姆之死。马克-奥瑞
（Marc-Aurèle，1869—1931）绘

在城头升起了休战旗，但一些军官把它降了下来，之后休战旗再次升起便没再降下。汤曾德给投降军民非常体面的待遇，并承诺会像保护英国居民一样保护这里的居民，优待战俘并将他们护送回法国。最后，战俘真的被送回了法国。新法兰西上空飘荡了多年的百合花旗降了下来，换上了红色的英国旗帜。

第三节 英国占领魁北克

德拉姆齐刚刚决定投降，就有消息传来，莱维的援军马上赶到。但消息来得太晚，一切已成定局。

接下来，英军忙着加固防御工事，确保魁北克的安全。防御工事加固作业完成后，过冬的物资也运了来。汤曾德这才放心地率舰队离开，留下默里将军负责防守魁北克。加拿大人觉得默里将军是他们的好朋友。法国修女们悉心地照料着英法两国的伤员，赢得了英国军官的高度赞扬。魁北克百姓宣誓要效忠英国，不久就和英军的关系处得很融洽，士兵们不仅将自己的军粮拿出来与他们分享，还主动帮他们干活。默里将军在城周围设置了许多前哨，严加防范。冬天快要过去的时候，莱维向洛雷特据点发动了几次猛攻。魁北克的英国守军早有准备，因为莱维打算重新夺取魁北克，路人皆知。就在

第十一章

魁北克的英国守军等待莱维前来攻打的时候，莱维的部队中很多士兵患病而亡。

直到春天圣劳伦斯河可以通航了，莱维才做好攻打魁北克的准备。整个冬天，他都在蒙特利尔召集人马。四月底，他终于出发了，带着一支八千人的队伍，还有不少印第安人。他发誓要夺回新法兰西这块宝地。在莱维的大军到达之前，英国哨兵站迅速撤离了各个前哨，回魁北克与默里将军会合。撤离前，他们毁掉了所有带不走的粮草。在离魁北克城五六英里的圣弗瓦村，莱维停了下来，准备发起攻击。默里将军过于自信，根本没把法国人放在眼里，坐等他们前来进犯。他只带了一小队人马出去迎战，兵力只有法军的三分之一。法军刚从圣弗瓦村出发，默里将军就率部冲了上去。战斗异常惨烈。两军的将士们都表现得英勇无比，但这次英军损失惨重。默里将军发现自己指挥失误，急忙下令撤退。虽然士兵们服从命令，但极不情愿，嘴里嘟囔道："这哪是什么撤退，简直就是逃跑啊？"莱维对圣弗瓦村大捷十分满意，而英军则乘兴而来败兴而归，不得不退守魁北克城了。

很快，魁北克城被紧紧包围了。城内的守军病的病，累的累，身体十分虚弱，但他们的士气并不低落。将士们同仇敌忾，一起准备炮架，挥动铁锹、镐头加强防御。

莱维的军队被壕沟隔在了亚伯拉罕平原东边的山脊上，经常遭到魁北克城里猛烈的炮轰。现在，莱维攻城的大炮已经就位。现在，英法两军都在等待舰队的支援。问题的关键是哪方的舰队会先到达，英国的还是法国的？一天，一艘帆船驶了过来，桅杆上没有任何标志。两军屏息等待。最后，桅杆上飘起了英国战旗，守城将士们立刻欢呼起来。这只是一支强大舰队的先遣舰而已。莱维见此情景匆忙率军撤离了战场。后至的法国战舰在圣劳伦斯河上被一一击沉，但有一艘小船自始至终奋勇抵抗，船长沃克兰赢得了英军将领的敬佩。

随着莱维的失败，新法兰西最后的希望也破灭了，命运完全被英国人掌握了。法兰西只剩下蒙特利尔了，毫无胜算的莱维发誓战斗到底，他派兵防守蒙特利尔所有的入口。为了打败莱维，默里将军从魁北克出发，逆圣劳伦斯河而上；阿默斯特从安大略湖出发，顺圣劳伦斯河而下；中部的哈维兰上校从黎塞留河而来。就这样，三支大军合围过来了。三河城及其守军没受到围攻，其命运系于蒙特利尔。在离蒙特利尔岛几英里的地方，默里将军安营扎寨，焦急地等待阿默斯特和哈维兰的部队，圣劳伦斯河两岸的法军随时会向他发起攻击。哈维兰先到了，压迫布甘维尔的后方。于是，仗还没有开打，布甘维尔就撤军了。最后，阿默斯特在拉欣登陆了，并将

莱维率领一支八千人的大军,誓要夺回魁北克。乔治·B.坎皮恩(George B. Campion,1796—1870)绘

营寨扎在蒙特利尔城西。在这种情况下，默里迅速登陆蒙特利尔岛，哈维兰则率军抵达圣劳伦斯河对岸。阿默斯特做出确保加拿大民兵安全的承诺后，加拿大的民兵就自动解散，各回各家了。皮埃尔·沃德勒伊和莱维只剩下两千士气低迷的正规军。法军被三路大军包围，英军总兵力达一万七千人。反击当然不可能了。1769年9月8日，皮埃尔·沃德勒伊率众投降，法国失去的何止蒙特利尔，更是整个加拿大。除了自愿留下来的法国士兵，其他士兵在保证绝不参加对英作战后全部被遣返回法国。至于平民，阿默斯特发布公告称，他们现在都已经是英国公民了，他们的人身、财产和信仰将会受到保护。默里将军出任这一新省的总督。

加拿大成了英国殖民地后，许多世代都反对英国的贵族家庭不愿在英国统治下生活，选择了返回法国，带走了加拿大最高贵的血统。百姓们和平地重返圣劳伦斯流域，开始一边休养生息，一边重建家园。然而，加拿大之外的欧洲、印度和西印度群岛，七年战争仍如火如荼地继续着。英国在海战中接连取胜，而面对蜂拥而至的敌人，普鲁士的腓特烈大帝绝不肯低头。

在纽芬兰，一支法国舰队攻陷了圣约翰定居点和圣约翰堡，但几个月后英国舰队重新夺回。蒙特利尔投降近三年后，《巴黎和约》签署（1763年2月10日），

第十一章

和平终于来临。《巴黎和约》让北美一半的地区换了主人。西班牙被迫放弃佛罗里达。法国不光放弃了世界其他地区的利益,还将美洲大陆几乎所有领地全部割让给了英国,只留下密西西比河口的路易斯安那。法国还有条件地保留了纽芬兰沿岸两个小岛(圣皮埃尔岛和密克隆岛)的使用权,条件是不建要塞和不驻军。此外,法国还获得纽芬兰海湾和大西洋西海岸其他一些地段的渔业特权。后来,这些特权导致无数的问题,即所谓的法国海岸纠纷问题。不久,俄国和奥地利也在《巴黎和约》上签了字。《巴黎和约》签署的当天,法国私下将北美仅剩的领地路易斯安那偷偷卖给了西班牙王室。至此,七年战争结束,英国沉浸在大获全胜的喜悦之中。它在新世界帝国血雨腥风的决斗中胜出,一跃成为北美大陆的霸主。

第十二章

第一节 法属加拿大末期的人口和房屋

法国国旗降下后,在新的统治下,加拿大的百姓注定会享有更多的自由,政治发展更加完备,生活更加繁荣。在历史转折时期,他们成了英国臣民,深感自豪。那些留在加拿大的法国贵族接受了新的统治,他们的奉献精神继续在加拿大发扬。这一点从一位法裔加拿大作家写的一部小说中可以反映出来。小说讲述的是法属加拿大时期一位旧领主的一生。该领主曾是法国军官,他儿子也曾在法军服役,但后来却为英国王室效力。老领主弥留之际对儿子说:"好好效忠英国吧,就像我效忠法国一样。愿上帝保佑你,我的孩子。"

这个通过战争和条约变成英国臣民的民族,注定日后成为加拿大联邦坚实的核心。但现在来讲,这块土地上的人们还没有加拿大联邦这个概念。他们拒绝背叛英国。就这样，英国统治了占北美大陆一半面积的加拿大。大英帝国欠法裔加拿大人的东西太多了，远比我们现在知道的多。我们还是先看看与世隔绝的法裔加拿大人有什么样的特征吧，因为正是这些特征日后深深地影响了这片大陆的未来。我们先来说说这里的人口数量、衣食住行和风土人情吧。

英国接管加拿大时，加拿大大约有六万人。他们吃苦耐劳，大部分聚集在魁北克、三河城和蒙特利尔，其余零星分布在圣劳伦斯河和黎塞留河沿岸，五大湖区和西部地区只有几个要塞，散落在绿草如茵的旷野之上。底特律突然冒出一个殖民定居点，大概有一千多居民。人们到偏远的地方定居，主要还是考虑到能更好地与印第安人做皮货贸易。那些远离文明社会的商人和士兵们通常会娶他们身边的印第安部落的女人为妻，最终在那里定居下来，过着半野蛮人的生活。用不了多长时间，这些人就变得和他们的家人一样没有法律概念了。和平时期，他们对国家贡献较少，也不讲什么信用，但在战争时期，他们却能骁勇善战，勇敢无畏，是一支不可或缺的防御力量。

魁北克有七千居民，大部分住在河岸至大悬崖下之间的地带。大悬崖的绝壁上建有一个军事要塞。岬角两

第十二章

侧延伸至圣查理河后,斜坡开始变缓,房子和街道沿斜坡而建,绵延至绝壁。街道到了陡峭之处,就变成了"之"字型。坚固的城墙沿着峭壁弯弯曲曲地延伸开来,很容易击退进攻的敌人。沿山坡而下,经过大教堂和神学院,穿过城中心,有一条喧闹的小溪。发洪水的时候,周围的街道悉数被淹。城由两部分构成,一部分在城墙之内,另一部分在城墙之外。大部分房屋都是低矮的平房,但斜屋顶面积较大,老虎窗开得很高。沿斜坡往下直到圣查理河,是人口聚集的郊区。城后的高原上,宏伟新城拔地而起,这里原先是一片荒凉的牧场,每有风起,牧草便会向城门招摇。

三河城是个小城,位于圣莫里斯河口,距魁北克七十六英里,其政治和社会地位都不及魁北克和蒙特利尔。随着铁矿的发现,虽然三河城的地位多有提高,但更多的时候这里就是往来于蒙特利尔和魁北克之间的旅客的歇脚地。经过早期恐怖的历练和洗礼后,蒙特利尔终于迅速繁荣起来了,人口已达九千左右。勤劳勇敢的丛林商人经过常年的坚持,打通了与神秘的西北地区皮货贸易的通道,他们积累的财富全都投进了蒙特利尔。虽然浅灰色石头建造的房屋大多只有一层,但却使蒙特利尔看上去很尊贵。这些房屋大概有长长的三四排,都与河岸平行。圣苏尔比休斯神学院的圆塔和三座教堂的

法属加拿大殖民地末期,这里大部分房屋都是低矮的平房,但斜屋顶面积较大,老虎窗开得很高。科尼利厄斯·克里格霍夫(Cornelius Krieghoff, 1815—1872)绘

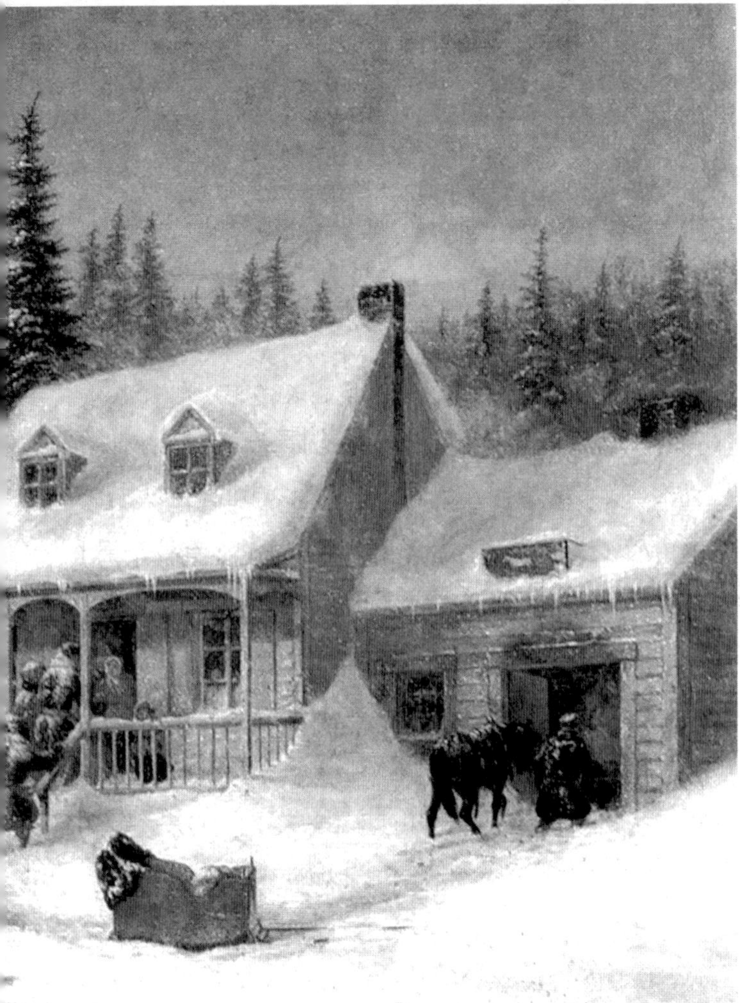

尖塔在青山映衬下十分显眼，从魁北克沿河而来的人远远就可以望见。城外有一堵石墙和一条浅沟环绕，曾用来抵御弓箭，却无法抵御枪炮。下城区可以登陆的地方，有一座高高的要塞，上面建有很多炮台。不过，蒙特利尔真正的防御工事是魁北克和尚普兰湖的要塞。除了城前汹涌的大河和城后巍峨的大山没变外，现在的蒙特利尔和过去的蒙特利尔已大不一样。

在这片土地上耕耘的人们住的都是很小的屋子，最多只有两间，虽然简单但却温暖。屋檐很宽，外墙就是简单的木板，而非板条抹灰隔墙①。内墙的高度仅达男性的肩膀，由于人们常倚靠，变得很光滑。屋里没有椅子，一般用坚实的木箱和长凳代替。主卧的角落里放着纺织机，女人们用它来做羊毛或亚麻衣服，但成品比较粗糙。盒状的大摇篮吊挂在壁炉旁，不停地晃着。大部分的食物都用一个黑色的长柄架锅做熟。尽管这种锅用起来非常省力，但有钱人家和贵族家庭还会配一个砖炉。烤肉时，铁签是必不可少的，带腿的烤架放在灶上，下边是燃着的炭火。即便是上层社会的家庭，也很少住两层楼，但他们的屋里装饰华丽，物品齐全。有的住在城里的石头房子里。典型的领主宅邸大多是如下的建筑风格。主

---

① 板条抹灰隔墙由下上槛和立柱做墙内筋，两个侧面上钉木板条，然后在木板条基面上抹灰即成。——译者注

建筑也只有一层，大概一百英尺长，用高高的山墙[①]撑起。屋顶很陡，有助于冰雪消融。阁楼很宽敞，可用作寝室。屋顶上开有很多老虎窗，于是，阁楼就很明亮。主卧的一侧或两侧一般设有耳房。耳房周围是洗衣房（连着厨房）、马车棚、马厩、谷仓和柴房。这些舒适的居所四周遍布四季常青的树丛，冬天的时候可以遮挡狂风。当然，令人愉悦的果园和菜园是不可或缺的。主建筑一侧不远处的村庄里，教堂的尖塔闪闪发光。主建筑另一侧不远处有一个圆形的石磨坊，所有的佃农都得到这里来磨粮食。不过，这里的磨坊一点儿都不像作坊，倒像是个要塞。其实，建磨坊的初衷就是让这里不仅能够磨粮食，还要能避开易洛魁人的袭击。因此，墙体上都留有枪眼，如果敌人不用大炮，那么这里是攻不破的。

第二节 法属加拿大时期的
　　　　服饰、兵器、社会习俗、食物等

加拿大富裕阶层的服饰与法国本土富裕阶层类似，但远没有法国本土那般奢华。他们的头发上着粉，扎得很高，发式要比现在的男性精致、复杂。他们卷曲带粉

[①] 建筑物两端的横向外墙一般称"山墙"，分内山墙、外山墙和排山墙。上墙用于隔开邻舍和防火。——译者注

的头发有时也会梳理得很整齐，他们戴着低冠高檐的帽子，看上去非常优雅。但在正式场合参加仪式时，他们就会换上庄重的三角帽。宽大的长袍色彩艳丽，材质华贵，袖口和腰带处都镶有蕾丝。马甲上串着很多金银丝线。长及膝盖的马裤代替了普通的长裤，并且膝盖处配有明亮的带扣。长筒袜是用白色或彩色的丝绸制成的。鞋子脚背处有宽宽的大扣子。这些都是参加仪式时穿的服饰，舞会和大型宴会上比较多见。到了冬天，贵族们的户外服饰更有加拿大风格。他们穿着印第安式的外套，带着大大的兜帽。我们现在的防雪斗篷上就保留了当时的风格。出行的年轻男子衣着华丽，为萧瑟的冬天增添了几丝色彩。绿、黄、红、蓝腰带靓丽地点缀在他们厚厚的大衣上。他们猩红的绑腿配有绿色的带子，鹿皮鞋上绣着被染过色的豪猪刺。他们的河狸帽或貂皮帽有时会用丝质手绢固定在耳朵上。普通百姓的穿着较为粗糙，颜色也会灰暗一些。他们的服饰一般是：朴素的黑色外套，灰色裹腿，灰色帽子，厚重的牛皮靴。但他们一般会用鲜亮的腰带或肩带来使灰暗的衣服显得活泼一些。普通妇女穿的短裙或长裙同样粗糙，但她们脖子里的围巾和肩膀上的披肩的色彩则比较鲜艳。

战场上，加拿大正规军和英军的制服完全不同。波旁王朝的将士穿白色军服，而英国的将士穿猩红色军服。

加拿大普通百姓的穿着较为粗糙，颜色也会灰暗一些。他们的服饰一般是：朴素的黑色外套，灰色裹腿，灰色帽子，厚重的牛皮靴。科尼利厄斯·克里格霍夫绘民兵或丛林人穿平时的服装，有时为了吓退敌人，他们会在脸上涂上颜料，头上插上鹰羽，和印第安人的装束完全一样。火石簧扳枪是当时的重型武器，扣动扳机后，火石瞬间就向下砸到钢片，产生的火花落到装着火药的浅槽里，这个过程叫"点火"，然后火药被引爆，子弹射出枪膛。正规军的步枪上装着刺刀，但游击队员和民兵不用这样的武器，他们只靠自己精湛的射击术。正规军一般都会在射程范围内于齐胸的高度向敌人扫射，但游击队员和民兵不会以这样的方式浪费宝贵的弹药。他们不仅用自己的方式打败印第安人，而且从印第安人那里学会了一种作战方式，即躲在树丛、岩石或山后射击，或趴着射击，或偷偷地穿过灌木丛突袭敌人。近距离格斗时，他们使用别在腰间的刀或者短柄战斧，就像印第安人一样。行军时，他们的腰带上也挂着皮质的子弹包和烟草袋，脖子上挂着雕刻精致的火药筒和装着宝贝烟斗的皮套子。然而，很多不想带烟斗的人就在斧背上掏一个洞，配上空心的斧柄，充当烟斗。因此，这种多功能战斧既能满足消遣需要，还能杀伤敌人。冬天战斗时，善用雪地靴不惧严寒的加拿大人会在头上戴一顶又厚又尖的兜帽，行进的队伍就像一群为了使命或者善举在树林中悄悄蜿蜒前行的修士。他们手上戴着厚厚的羊毛手套，用雪橇拖着粮食和辎重。到了晚上，他们会穿着雪

第十二章

地靴在雪地里挖出一个宽敞的圆坑，将里面的雪清理到外面。在圆坑中间，他们点起篝火，然后围在火边睡觉，圆坑四周堆满云杉枝，用来挡风。虽然军队的指挥官一般出身贵族，但此时他和士兵一样要面对艰苦的条件，甚至在勇气和耐性方面还要超过他们。一些优秀的游击队长官是贵族的后代，虽然一年到头的大部分时间里他们过着这样的野蛮生活，但出入礼仪场合时，他们浑身仍然散发优雅的风度与良好的修养。

各阶层的法裔加拿大人热爱社交。甚至在詹姆斯·沃尔夫炮轰圣劳伦斯山头时，魁北克和蒙特利尔城里的人依然有心情举办舞会和宴会。出于礼节的需要，督军和政府高官在举行活动时总是奢华铺张。舞会从头天晚上一直会持续到第二天早上六七点。和这些智慧超群的人交流也是一种艺术。像之前所描述过的那样，领主的庄园里也充满了欢乐。有专门的车队到各庄园接上客人。最后，大家聚到某位好客的主人那里参加舞会或宴会。厌倦了流行的盛大舞会时，客人们还可以做一些其他游戏娱乐，就像现在的人们心情不太愉快或难为情时会选择和孩子们待在一起。这里的社交圈子非常小，成员彼此之间关系很亲近，享受着自由和快乐。"藏手绢""狐狸和鹅""太太的厕所"这些输了会受到惩罚的游戏，丰富了旧时加拿大人的生活。他们夏天会去骑马，冬天会在光亮的冰雪上滑雪橇。每当有洗礼、订婚和结婚等重大活动时，他们都要大摆宴席。五朔节时，领主庄园前会竖起五朔花柱。人们开心地饮酒，吃饭，观看篝火表演或鸣枪礼。这天，庄园主会做东举办盛宴，款待前来参加宴会的居民。居民们则会竖起五朔节花柱祝福领主，花柱用去皮的冷杉树干做成，顶部留有一束绿枝，装有红绿相间的风标。不一会儿，洁白的树干就因射向它的火药变黑了。

一年中的大部分时间，殖民地的百姓都过着平淡的生活，所以十分向往每次聚会。在这种场合，人们会喝很多白兰地。上层阶级认为宿醉很丢脸，但私下还会喝上几口。殖民地早期，人们一般靠面包和鳗鱼过活。18世纪初，人们主要吃面包、腌肉和牛奶。但到了冬天，鲜肉就多了起来。出游令人愉悦，从圣诞节到圣灰星期三，人们不停地互相拜访。五六个雪橇停到了一处农舍前，十几个好友从雪橇上跳下来，把马拴到马厩后，叽叽喳喳地涌入温暖的厨房。在这个季节，家里的女主人时刻准备着待客。她会烤好各种各样的肉，然后冷藏起来，客人来了她只需把肉在火上热一下，几分钟就把饭做好了。大家不再吃面包了，取而代之的是甜甜的蛋糕。五朔节时，庄园主会设宴款待佃户，桌子上摆满了美味佳肴，有牛羊腿、烤猪肉、大排肉、大碗的开胃汤、各

第十二章

式各样的半月状馅饼、果酱饼、撒着很多枫糖的油炸面包圈……人们一般不怎么喝庄园主提供的葡萄酒,用他们自己的话说,就是"不够带劲儿"。富裕阶层的早餐很简单,他们通常在早上八点吃,同时还喝点儿白葡萄酒和咖啡。正餐一般在中午,晚上七点左右吃晚餐。一般情况下,午餐和晚餐都会有汤。餐厅的一端有一排餐具柜。餐具柜靠墙,从地面一直顶到天花板。偌大的餐柜里摆满了各种瓷器和银器以及开胃酒。厨房的一角,放着一个蓝白相间的瓷盆,里面盛着水,供客人们入席前盥洗。桌子上摆着很多上等的鱼和野味。每个座位上都有餐巾、盘子、银酒杯、勺子和叉子,但刀子需要自己带。一些弹簧刀放在口袋里带着,另外一些刀子则放在摩洛哥皮套里,或丝织套子里,或印第安人常用的桦树皮制成的桦树皮套子里。桦树皮套子上还装饰着豪猪刺。这种套子一般都用具有装饰效果的绳子系着,挂在脖子上。人们通常使用没有弹簧的折刀,必须用拇指顶住才能打开。富裕阶层最喜欢复活节的大馅儿饼,大而精致,食材丰富。这种馅儿饼不需加热,冷着吃就好,以防加热时裂开,失去了香味,因为馅儿饼下面的脆皮只有一英寸厚。馅儿饼里面至少要放一只火鸡、两只鸡、松鸡、鸽子、兔子腿、猪肉片、五香肉球、洋葱,上面还要撒上各种香料。有了这道菜,我们就明白为什么加拿大人那么渴望参加盛宴了。为了助兴，为了助消化，各桌的人们会轮流献上歌曲，女性会全程参与。在圣劳伦斯的庄园里，人们就过着这样快乐无忧的生活。弗朗索瓦·比戈和他的鹰犬影响不到这里的人们的生活。虽然有很多领主在战争中死去，也有很多离开加拿大返回法国，但留下的这些领主在英国统治下的魁北克一直保留着自己的习俗，其中一些甚至保留至今。